Les deux langages

(analogique et digital)

Pierre BERTAUX

LES DEUX LANGAGES

(ANALOGIQUE ET DIGITAL)

Collection "Linguistique 15"

Didier Erudition

6, rue de la Sorbonne
75005 PARIS

I.S.B.N. 2-86460-063-3

AVANT-PROPOS

Les applications pédagogiques de l'ordinateur (E.A.O., ou enseignement assisté par ordinateur) ouvrent à l'éducation un champ nouveau et immense, dont les limites ne sont pas connues. « Pour la première fois nous avons la possibilité de faire entrer dans l'éducation de base, dans notre capital culturel, un progrès du savoir aux conséquences universelles » (François Mitterrand, Novembre 1983).

Ceci entraîne l'Education nationale, selon la formule du *Monde* (15 Mai 1984) à « changer de vitesse ».

Le ministre de l'Education a décidé d'équiper le système éducatif français de 100 000 micro-ordinateurs d'ici à 1988. Le ministère prévoit qu'au cours de sa scolarité chaque élève aura deux cents heures de dialogue avec un ordinateur.

Dialogue, soit... mais en quelle langue ?

Lorsque M. Fabius, ministre de l'Industrie et de la Recherche, déclare « l'informatique, deuxième langue obligatoire », on ne peut tout à fait le suivre sur ce terrain. Qu'entend-il par là ? En quel sens l'informatique est-elle une « deuxième langue » ?

Naguère encore l'ordinateur ne comprenait que des « langages » artificiels (Fortran, Cobol...) et rudimentaires.

Il est admis aujourd'hui qu'on devra pouvoir, demain, s'entretenir avec l'ordinateur en langage naturel.

Mais *quel* langage naturel ?

Bien entendu un langage naturel épuré, dépouillé de ses éléments expressifs. Comment l'ordinateur pourrait-il réagir utilement à l'invective par exemple, toujours imagée, comment pourrait-il « traiter » le discours politique (comment conceptualiser les termes de « droite », « gauche », « liberté »), etc. ? A quel logiciel pourrait bien s'intégrer le parler publicitaire ?

On s'aperçoit aujourd'hui — il est grand temps — que notre langage naturel comporte deux éléments apparemment semblables, utilisant le même vocabulaire, la même syntaxe, mais qui diffèrent dans leur structure et leur fonctionnement.

Les Grecs, déjà, distinguaient deux langues, le *logos* ou langage du vrai, et le *mythos*, « ce qu'on raconte comme ça ».

Une comparaison s'impose : l'uranium naturel, tel qu'on le tire du minerai, comporte deux isotopes, dont seul l'un est susceptible d'utilisation pour une réaction nucléaire. Pour construire la bombe A et les réacteurs, il a fallu commencer par identifier, puis séparer les isotopes de l'uranium.

Seule l'identification, puis la séparation des « isotopes du langage » permettra aux chercheurs, aux enseignants, aux élèves de « converser » avec l'ordinateur, de s'entretenir avec lui sans malentendu.

ANALOGIQUE ET DIGITAL ; LES ISOTOPES DU LANGAGE

Si vous allez acheter une montre ou un réveil, avant de vous proposer ses modèles, l'horloger-bijoutier vous demandera : « Voulez-vous un cadran à l'ancienne, ou bien préférez-vous un cadran à affichage numérique ? » Il existe en effet aujourd'hui deux façons différentes de marquer l'heure : soit que, comme depuis des siècles, des aiguilles tournent sur un cadran circulaire et indiquent par leur position les heures, les minutes, les secondes, soit que des chiffres apparaissent sur un cadran rectangulaire. Dans ce cas, 22.45.24 signifie qu'il est vingt-deux heures quarante-cinq minutes vingt-quatre secondes.

Le premier procédé de visualisation de l'écoulement du temps - aiguille et cadran - remonte au XVIe siècle et aux plus anciennes horloges mécaniques. Il descend en droite ligne du cadran solaire, du gnomon, qui est plus que millénaire : il était en usage chez les Chinois, les Egyptiens, les Chaldéens, les Péruviens, plus tard chez les Arabes. Le sens dans lequel tournent les aiguilles d'une montre n'est pas arbitraire : il correspond au sens dans lequel l'ombre du style se déplace sur le cadran solaire, du moins dans l'hémisphère nord.

Le premier cadran d'horloge était divisé en 24 heures et ne comportait qu'une seule aiguille. Depuis, on a trouvé plus pratique le cadran de douze heures et la double aiguille, l'une pour les heures, l'autre pour les minutes. Le mouvement des aiguilles sur le cadran simule, figure et signifie le cours de la journée et le retour périodique des heures dont il donne l'image. Aussi désigne-t-on ce procédé du terme d'analogique.

Le second procédé, l'affichage numérique, est d'un emploi récent : une trentaine d'années. Son essor est lié au développement des techniques électroniques et à l'invention des cristaux liquides. Une terminologie mal assurée, peut-être pas encore définitive, qualifie ce mode de communication de *digital*, de l'anglais *digit*, nombre. Certains préfèrent le terme de *numérique* ; on verra plus tard pourquoi je préfère le terme *digital*.

Un autre exemple montrera la différence qui existe entre le procédé *analogique* et le procédé *digital* de communication. Je l'emprunte à l'enregistrement sonore.

Dans les plus anciens phonographes, une aiguille fixée sur une membrane vibrante enregistrait un son en traçant un sillon dans une surface mobile, cylindre ou disque, enduite de cire. Ce sillon correspondait aux vibrations sonores perçues par l'appareil d'enregistrement. En forçant une aiguille, fixée elle aussi sur une membrane, à parcourir le sillon ainsi tracé, on restituait dans la membrane une vibration *analogue* à celle qui avait été enregistrée. C'était là un procédé d'enregistrement et de reproduction de type *analogique*. Le fait qu'on ait par la suite apporté des perfectionnements techniques en utilisant un procédé d'enregistrement électrique ne changeait rien au principe : le sillon gravé restait toujours « analogue » à la vibration enregistrée. Simplement, dans le cas du microsillon classique, la tête de lecture convertissait des variations de pression mécanique en des variations de courant électrique, lesquelles agissaient sur les enceintes d'un haut-parleur. Le procédé restait analogique dans son principe.

Or une révolution est en train de bouleverser la technique de la reproduction sonore. Lors de l'enregistrement, le signal sonore est traité par un convertisseur analogique/numérique. Il est découpé en de minuscules portions de temps, des « instantanés sonores », à l'intérieur desquelles le signal sonore est codé numériquement sous forme binaire (un/zéro). A la reproduction, un convertisseur de même type, mais fonctionnant en sens inverse, décode l'information numérique de l'enregistrement lue par un rayon laser et envoie le signal reconstitué à un ampli, et de là aux enceintes du haut-parleur. Ce procédé de reproduction des sons, qui paraît présenter sur le précédent d'importants avantages, appartient au type *digital* de communication.

Ces deux exemples montrent bien la différence catégorique qu'il y a entre deux types de communication d'information : le type analogique, le type digital.

Avant d'aller plus loin, je voudrais parer à la possibilité d'un malentendu. On pourrait être tenté de penser que la communication de type digital se caractérise par le fait qu'à un moment donné elle transite par un code numérique. Je ne le pense pas. Voici en tout cas un exemple où ce n'est pas le cas. Je l'emprunte au système de la circulation routière et au code de signaux qui lui correspond.

Là encore il faut se garder d'une méprise possible. Le code de la signalisation routière est pour une bonne part fondé sur un système analogique : une croix pour signaler un croisement, un S pour signaler une courbe... C'est à un autre niveau que celui des signaux que se situe l'utilisation d'un mode de pensée que je considère comme de type digital : à celui de l'organisation de la circulation elle-même.

Un automobiliste, surtout s'il appartient à une génération ancienne et s'il est doté d'une imagination fortement spatialisée, sait intuitivement — ou croit savoir — que si, sur une route se dirigeant vers le nord, il veut se rendre à une ville située à l'ouest de son axe de marche, il lui faudra à un moment donné prendre un embranchement à gauche. Il en était ainsi sur les routes et dans les rues d'autrefois.

Aujourd'hui, tout cela a changé. Sur les grands axes routiers et urbains, on ne tourne plus à gauche. Pour se rendre à gauche, il faut lire la signalisation et s'y conformer, c'est-à-dire, pour aller à gauche, prendre d'abord à droite et suivre un parcours en boucle, généralement fléché. Chaque fois que le cas se produit, le conducteur trop bien latéralisé doit débrancher son réflexe orienté pour faire appel à une autre fonction cérébrale, bien plus abstraite, qui contredit le réflexe et fait appel à un code.

C'est d'autant plus difficile que, comme on l'a vu, le code des signaux routiers fait constamment appel à des images analogiques ; et voilà que soudain il faut « passer en digital » : prendre à droite si on veut aller à gauche, parce que « c'est comme ça ». Il faut désormais obéir à une procédure artificielle, à une convention.

Mais qui dit convention dit code. Un code n'est autre chose qu'un corpus cohérent de conventions. C'est le fait de passer par un code, de procéder successivement à un codage et à un décodage, qui est caractéristique de la communication de type digital, la numération n'étant qu'un type de code parmi les autres.

L'algèbre est un moyen de communication d'information purement digital ; la musique est un moyen de communication purement analogique.

On objectera que la musique peut se transcrire selon un code, et même selon plusieurs codes : n'avait-on pas voici quatre-vingts ans introduit dans l'enseignement de la musique à l'école primaire une méthode de notation chiffrée ? Mais ce qui est noté là, ce n'est pas la musique elle-même : c'est uniquement le moyen de produire de la musique. On maintiendra donc l'affirmation : la musique fonctionne purement en analogique.

Quelqu'un disait un jour devant Yehudi Menuhin : « Ici, Brahms veut dire... ». Indigné, Menuhin ne laissa pas achever la phrase : « Monsieur, la musique ne *veut* rien dire ; ce qu'elle a à dire, elle le dit, rien de plus, rien de moins. La musique ne dit qu'elle-même, rien d'autre ».

Et le langage ? Précisément voilà le sujet du présent essai. Le langage humain combine en lui-même les deux procédés de communication, l'analogique et le digital. Comme l'a très heureusement formulé Thrasybulos Georgiades (*Musik und Rhythmus bei den Griechen, Zum Ursprung der abendländischen Musik,* Munich 1958) étudiant la poésie, la métrique, la prosodie des Grecs de l'Antiquité : le langage est une musique qui au cours des âges a acquis le pouvoir de nommer, de dénommer les choses. Nous dirions, nous, que le langage humain, né analogique, a depuis quelques millénaires peu à peu intégré des éléments digitaux de plus en plus nombreux, et qui de plus en plus lui imposent leur loi.

Mais pour le moment l'élément analogique et l'élément digital que le langage contient chaque fois en proportions variables sont si intimement associés qu'il est extrêmement difficile de les isoler, et même de les discerner.

Employant une image pour me faire comprendre, je parle des *isotopes du langage.*

On sait que l'uranium naturel, tel qu'on l'extrait du minerai, contient deux isotopes, U 235 et U 238. Pour parvenir à la fission atomique, il a fallu d'abord identifier ces deux isotopes, ensuite inventer un procédé pour les séparer, seul l'U 235 se prêtant à la fabrication de la bombe atomique. Il a fallu ensuite, avant de faire exploser la première bombe A, construire d'immenses usines de séparation des isotopes, qui consommaient une portion considérable de l'énergie électrique produite aux Etats-Unis. Il y a aujourd'hui plusieurs procédés de séparation des isotopes de l'uranium.

Il n'y en a pas encore pour procéder à la séparation des isotopes du langage. Mais on peut déjà poser le problème en termes précis ; on peut en tout cas les identifier, apprendre à les reconnaître dans leur différence.

Dès à présent et du seul fait de leur identification, des conséquences extrêmement importantes se dessinent à l'horizon. En appliquant les notions d'analogique et de digital au langage humain, on se dote d'un puissant moyen d'analyse qui ouvre des portes restées jusqu'à présent sinon closes, du moins à peine entrebaillées.

Le temps paraît proche où on constatera que la communication de type digital et la communication de type analogique font appel à des mécanismes cérébraux distincts, sans doute même différemment localisés dans l'encéphale. Il est vraisemblable qu'elles intéressent diversement chacun des deux hémisphères cérébraux. Les expériences que font actuellement les neurophysiologistes sur les « splitbrains », les cerveaux dont on a isolé artificiellement les hémisphères, auraient intérêt à tenir compte de la différence entre ce que j'appelle les isotopes du langage.

Autre conséquence, d'une plus grande importance encore : au moment où se développe l'informatique et où on nous invite à dialoguer avec l'ordinateur, nous ne pouvons pas négliger le fait que celui-ci ne comprend que le langage de type digital ; qu'il considère le langage analogique comme un « bruit » sans signification. Pire encore : il risque de prendre le texte qu'on lui soumet « au pied de la lettre », de traiter un texte analogique comme s'il était d'expression digitale, ce qui expose aux pires contresens et malentendus. Or nos langages, nés analogiques, s'ils se sont peu à peu chargés de contenus informatifs, digitaux, charrient encore avec eux, comme le Nil charrie jusqu'à Assouan le limon de ses origines, de nombreux éléments analogiques ; des « impuretés ». Comment dans ces conditions poursuivre avec l'ordinateur une conversation en langage naturel ? C'est certes possible, mais il faut envisager clairement le problème. On le verra à l'occasion de la traduction automatique des langues, à laquelle on travaille actuellement.

Cette fréquentation de l'ordinateur imposera-t-elle sa loi à notre façon de nous exprimer ? Voilà certes qui est du domaine de l'imprévisible, mais on peut y penser ; il est temps d'y penser.

DEUX MODES DIFFERENTS DE COMMUNICATION D'INFORMATION

La notion des « deux langages », en germe depuis longtemps, commence à s'imposer. En 1975, Joël de Rosnay (*Le macroscope*) parle de « deux langages complémentaires : celui de la raison, de la connaissance scientifique ; et celui de la « signification » ; c'est-à-dire de l'art, de la poésie ou de la religion. Le langage du savoir (mathématiques, physique) est riche en information et pauvre en contenu humain. Par contre, le langage de la signification (politique, religion) est pauvre en information, mais riche en contenu humain ». J'avoue ne pas très bien comprendre ce que veut dire ici « signification », mot d'ailleurs mis par l'auteur entre guillemets, ce qui veut sans doute dire que le terme est employé en un sens figuré, lequel m'échappe. Quant au « contenu humain », je n'arrive pas à donner un sens à cette expression. Je pense que l'ordinateur n'y parviendrait pas davantage.

Pour Bruno Lussato, « il existe une véritable échelle des langages » qui va du langage le plus « dur », le langage binaire de l'informateur, au langage le plus « mou », déformable, riche, ambigu : « la plus subtile expression humaine » (*Le Défi informatique*, Paris 1981).

Cependant Joël de Rosnay comme Bruno Lussato et d'autres paraissent encore considérer, comme on l'a fait jusqu'à présent, que les « deux langages » correspondent simplement à deux codes langagiers différents. Différents comment et pourquoi, là-dessus ils ne sont guère explicites, mais implicitement ils les supposent comparables.

Or il semble bien que la différence entre les « deux langages » soit très profonde, qu'ils soient d'une nature différente, qu'ils fonctionnent différemment.

L'idée qu'il y a deux langages n'est d'ailleurs pas une idée neuve, et pas même une idée récente.

Déjà Molière, un des grands esprits de son temps, faisait dire à son Maître de Philosophie : « Il n'y a pour s'exprimer que la prose ou les vers... Tout ce qui n'est point prose est vers ; et tout ce qui n'est point vers est prose ». C'est parler en prose que de dire : « Nicole, apportez-moi mes pantoufles ». C'est s'exprimer en vers que de dire : « D'amour mourir me font, Marquise, vos beaux yeux ». Voilà une approche scientifique du problème, selon le principe de l'alternative et du tiers exclu. Jusqu'à nos jours, on n'en retrouvera jamais plus l'équivalent. Il est à remarquer que l'exemple que donne Molière n'est précisément pas en vers : par « vers » il faut entendre le parler poétique, le langage poétique.

Trois siècles plus tard un poète qu'admirait beaucoup Mallarmé, Edgar Poe, disait avec simplicité et précision : « Il faut être aveugle pour ne pas voir la différence radicale, l'abîme qu'il y a entre le mode poétique et le mode véridique de communication ». On ne peut mieux dire. Le Maître de Philosophie de Molière avait affirmé un principe ; Edgar Poe constate ce qui pour lui est une évidence et n'a donc pas besoin d'être démontré.

Si on accepte au moins provisoirement la terminologie d'Edgar Poe, quelle est la différence entre le « mode poétique » et le « mode véridique » de communication ?

La première idée qui se présente à l'esprit, c'est de faire de la poésie, celle des poètes, le paradigme absolu de la communication que Poe appelle poétique (et nous : analogique) ; de rechercher alors par l'analyse linguistique des textes poétiques ce qui les caractérise. Quelles seraient, dans ce genre d'énoncés, les structures caractéristiques ?

Disons-le d'un mot : les résultats obtenus sont jusqu'à présent bien décevants.

Roman Jakobson avait exprimé l'intention « d'esquisser une vue d'ensemble des relations entre la poétique et la linguistique ». Il ajoutait : « Comme l'objet de la poétique concerne la différence spécifique qui sépare l'art du langage des autres arts et des autres sortes de conduite verbale, la poétique a droit à la première place parmi les études littéraires ». Enfin, la poétique ayant affaire à des problèmes de structure linguistique exactement comme l'analyse de la peinture s'occupe des structures picturales, la linguistique étant par ailleurs « la science globale de structures linguistiques », Jakobson concluait que « la poétique peut être considérée comme faisant partie intégrante de la linguistique ». La poétique pourrait alors être définie comme « cette partie de la linguistique qui traite de la fonction poétique dans ses relations avec les autres fonctions du langage », à savoir les fonctions émotive, référentielle, conative, phatique, métalinguistique de la communication verbale.

Judicieusement, Jakobson parlait de la « fonction émotive » ou « expressive ». Judicieusement encore, il distinguait les trois termes, « le destinateur, le message, le destinataire ».

Mais il était encore prisonnier de la conception traditionnelle qui voit dans la poésie un cas particulier de la littérature ; prisonnier de la perspective esthétique, la poésie étant considérée comme « un art ». Il ne proposait aucune vue d'ensemble, aucune méthode rigoureuse. S'il a mérité d'avoir des admirateurs, il n'a pas eu de descendance. Il ne pouvait pas faire école.

Il me faut ici préciser le sens différent que nous donnons, Jakobson et moi, au terme de *fonction poétique* ; un terme que j'ai employé en même temps que lui (1962) et sans avoir connaissance de ses travaux. Il emploie le terme de « fonction » au sens que lui donnent les linguistes, c'est-à-dire « l'ensemble des propriétés d'une unité par rapport au processus d'ensemble qu'est la communication ».

Pour moi, plus proche de la biologie, la fonction correspond au fonctionnement d'un organe. C'est ainsi que Claude Bernard traite de la fonction glycogénique du foie. Si je parle de fonction poétique, c'est parce que je crois constater que l'organe que constitue le système nerveux humain *fonctionne* dans certains cas d'une certaine façon.

Dans un ouvrage récent les linguistes Jean Molino, Joëlle Tamine (*Introduction à l'analyse linguistique de la poésie,* Paris 1982), prenant leurs distances vis-à-vis de Jakobson, laissant de côté les questions de sémantique et de pragmatique « parce que la linguistique ne (leur) paraît pas fournir pour l'instant d'instruments précis capables d'en rendre compte », trouvant « dangereux et inefficace le mélange de la description et du jugement esthétique », tentent de reprendre les notions de la poétique et de la rhétorique traditionnelles en leur donnant plus de précision, plus de rigueur. Ils en escomptent « un plus grand pouvoir d'explication ».

Ils partent de la constatation que « le poète ne parle pas comme nous », que la poésie utilise une autre langue que la langue de tous les jours, et qu'on sait cela depuis l'Antiquité. L'éducation classique de l'Europe occidentale s'articulait en sept arts libéraux. La première discipline du trivium médiéval, la grammaire, se composait de deux parties, dont la distinction reposait sur le partage entre langue ordinaire et langue de la poésie. L'écolier appelé à commenter les poètes écrivait, sur deux colonnes, d'un côté le mot poétique d'Homère ou de Virgile, de l'autre le mot courant correspondant ; « il devait donc apprendre deux langues et savoir traduire, passer de l'une à l'autre ». La poésie apparaissait comme une seconde langue vivante que l'écolier avait à maîtriser. Ajoutons qu'un exercice scolaire consistait jusqu'au siècle dernier à faire des vers latins, au moins sous forme de centons.

Les auteurs pensent retrouver le même partage chez les linguistes du Cercle de Prague dans leurs thèses de 1929 : « Dans son rôle social, il faut distinguer le langage suivant le rapport existant entre lui et la réalité extralinguistique. Il a soit *une fonction de communication,* c'est-à-dire qu'il est dirigé vers le signifié, soit *une fonction poétique,* c'est-à-dire qu'il dirigé vers le signe lui-même ».

Pour Molino et Tamine, la langue poétique est donc une langue spéciale, spécifique, qui s'est développée comme une greffe à partir d'une langue commune, à partir du fonds commun de la langue de communication. Le rythme, caractéristique de l'expression poétique, est pour eux un fait second : « La poésie doit se comprendre comme l'application du mètre sur le langage ».

Certes, ils précisent que « cette conception de la poésie reflète l'état de la poésie européenne au début du XXe siècle ». Mais cette poésie-là n'est qu'un des aspects, très particulier et en fait aberrant, de l'activité poétique à travers les âges et les nations ; disons pour caricaturer la poésie de Sully Prudhomme, l'art d'une époque pourrie d'esthétisme. Or précisément les notions d'art, de beau, de goût, d'esthétique me paraissent rendre impossible tout accès méthodique à l'analyse de la fonction poétique.

On verra pourquoi il me paraît que Molino et Tamine se sont engagés dans une impasse en partant du principe que le langage poétique est un langage second, artificiel, par rapport à un langage commun, naturel.

Pourtant Jean Cocteau, parfois profond comme le sont les poètes, avait réglé la question en un éclair : « La poésie n'est pas une prose en robe du soir ».

Pour résumer, il semble bien que l'analyse linguistique des textes poétiques ne donne pas — pour le moment du moins — le moyen de « séparer les isotopes » ; pas même le moyen de les identifier. Considérer le dict poétique comme un « parler étranger » n'apporte sur lui aucune lumière.

Nous en sommes encore là où en était Montaigne : « Voicy merveille, nous avons bien plus de poètes que de juges et interprètes de poésie. Il est plus aisé de la faire que de la cognoitre » (*Essais,* I, XXXVII).

LES DEFINITIONS DE PIUS SERVIEN

D'où vient cette insurmontable difficulté qu'on éprouve à dire de la poésie, de l'expression poétique, quelque chose de précis, quelque chose d'utile ?

A ce manque de netteté dans l'approche du fait poétique une vue populaire des choses propose une explication : c'est que le « poétique », c'est précisément le domaine de l'incertain, du flou, du vague : un marécage sans fond et sans bords, où on s'enlise. Dire d'une expression : « c'est poétique », cela revient à dire que c'est un à-peu près, et qui n'a pas à être pris pour argent comptant.

A fréquenter les poètes, à voir comment ils travaillent, on se persuade vite du contraire. Personne n'est autant qu'eux obsédé de précision, d'exactitude. Pour ne parler que de ceux que j'ai particulièrement pratiqués, La Fontaine, Hölderlin, Rilke, Supervielle, Saint John Perse : tous sont des horlogers, la loupe vissée à l'œil, pesant les mots sur une balance d'orfèvre. Le Malte Laurids Brigge de Rilke, « étant poète, haïssait l'approximation ». Dans sa jeunesse, le futur Saint John Perse écrivait à Jacques Rivière annonçant un *Rimbaud :* « Peut-être allez-vous dire le vrai de Rimbaud... l'horreur de l'à-peu près humain ». Ce que Hölderlin admirait chez les poètes grecs, c'était l'incroyable sûreté de leur geste, leur *méchanè,* leur technique d'artisans accomplis. Pour un poète, la « licence poétique » n'existe pas. Un contemporain, M. François Mitterrand, disait naguère : « la poésie est rigueur ; le reste, verbiage ».

Faudrait-il, pour parler des poètes, être moins rigoureux, moins strict qu'eux ? Serait-il définitivement impossible de formuler au sujet de la poésie des propositions vérifiables, c'est-à-dire dont on pût éventuellement démontrer qu'elles sont fausses, et dire pourquoi elles sont fausses, au lieu de leur opposer des affirmations contraires non moins invérifiables ? Une affirmation contre une autre, ce n'est pas là le bon moyen de faire progresser le savoir. En 1910 un chimiste, Jacques Duclaux, disait : « Une théorie n'est rien tant qu'on ne peut démontrer qu'elle est fausse ».

Enseignant la Poétique au Collège de France, Paul Valéry, mathématicien à ses heures, déplorait que « la rigueur qui s'applique à la critique des textes et à leur interprétation philosophique se rencontre rarement dans l'analyse des phénomènes positifs de la production et de la consommation des œuvres de l'esprit ».

Ceux qui font profession de parler de la poésie — critiques, professeurs —, il les traitait de « préposés aux choses vagues ».

Mais Paul Valéry s'entendait aussi bien à répandre la terreur. Dans *Variété* il écrivait, décourageant par avance les chercheurs : « Ni l'objet propre de la poésie ni les méthodes pour le joindre n'étant élucidées, ceux qui les connaissent s'en taisant, ceux qui les ignorent en dissertant, toute netteté sur ces questions demeure individuelle » (*Variété*). Il plantait un écriteau : « chantier interdit au public ». Si vous en parlez, c'est que vous êtes un ignorant prétentieux. Déjà Horace avait dit : « odi profanum volgus et arceo », je hais le profane vulgaire et je l'écarte des parvis.

Cela fait penser aux sorciers africains qui refusent de confier le secret de leur art aux ethnologues. Ils entretiennent le mystère dont ils vivent. La poésie serait-elle une forme de sorcellerie ? Il y a peut-être de cela ; c'est bien, comme l'art des sorciers, une forme d'action à distance dont on ne livre pas volontiers les clefs.

Ne comptons donc pas trop sur les poètes pour être bavards, pas même explicites. Il doit suffire de les observer. D'ailleurs tout ce qu'ils pourraient nous dire sur leur pratique serait dit en langage « poétique », précisément celui dont nous devons nous méfier pour si possible nous préserver de la contamination.

Pourtant en 1930 Paul Valéry avait encouragé Pius Servien, roumain de langue française, qui reprenait à son compte l'idée des deux langages. Il lui écrivait : « Vous avez fait la tentative la plus intéressante et la plus hardie que l'on ait faite à ma connaissance pour capturer l'Hydre poétique ».

Mais à part cette formule louangeuse, il ne paraît pas que Paul Valéry se soit vraiment intéressé à la recherche de Pius Servien, rapidement tombée dans l'oubli.

En quoi consistait cette tentative de Pius Servien ? Au sein de ce qu'il appelait « le langage total », il distinguait deux langages différents : le « langage des sciences » ou « langage S », et le « langage lyrique » ou « langage L ». Poète et mathématicien, Pius Servien définissait un couple de notions opposées, exclusives l'une de l'autre : les « pôles du langage ». Il proposait des critères permettant de contrôler expérimentalement l'application de sa théorie. Il ouvrait la voie à une possibilité de vérification pratique permettant de confirmer ou infirmer les hypothèses. Il livrait, selon sa propre expression, un outil de travail.

Voici, très sommairement, ses définitions.

A/ Dans le langage des sciences ou langage S, chaque phrase a un seul sens, et non plusieurs. D'une phrase S on peut toujours trouver une autre phrase absolument équivalente. Le sens des phrases S est indépendant de leur rythme.

B/ Dans le langage lyrique ou langage L, les phrases n'ont pas, chacune, un seul sens, exactement le même pour tous. Elles existent par leur puissance d'éveiller des lueurs indéfinies. Non seulement leur sens n'est pas absolument le même pour tous, mais il serait impossible de vérifier qu'il l'est. De telles phrases il n'existe aucune phrase au monde qui soit l'équivalent exact. Elles naissent rythme, et leur sens n'est pas indépendant de leur rythme.

Pius Servien s'astreignait à la règle suivante : employer, pour traiter les problèmes d'esthétique, uniquement le langage des sciences. Son ambition : traiter les faits dits esthétiques *more geometrico.*

D'une certaine façon, Pius Servien reprenait la distinction de Molière, mais en faisant quelques pas de plus. Il précisait que le langage lyrique est rythme sonore. Surtout il proposait un critère de discrimination : le langage S est toujours intégralement traduisible, le langage lyrique ne l'est en aucun cas.

LE « LANGAGE LYRIQUE » N'EST PAS TRADUISIBLE

Le langage lyrique, non traduisible ?

Précisément, le point de départ de ma réflexion avait jadis été très concret. M'attachant à interpréter le poète allemand Hölderlin et souhaitant le faire connaître aux Français, je m'étais trouvé devant une gageure : sa poésie me paraissait parfaitement intraduisible.

Entendons-nous : on la traduit, et même beaucoup. De tel des poèmes de Hölderlin je connais six ou sept versions françaises différentes, certaines dues à de vrais poètes comme Jean Tardieu, comme Du Bouchet, comme Pierre Jean Jouve. Aucune de ces versions n'est sans mérite ; aucune n'est satisfaisante. Pourquoi ?

La réponse est simple : le langage digital, codé, peut se transposer d'un code dans un autre ; s'il s'agit de langage analogique, on peut essayer de trouver une analogie à l'analogie, mais ce n'est jamais qu'un à-peu-près, une approximation.

C'est d'ailleurs un fait assez connu.

Cervantes fait dire au curé qui examine et trie avant de les brûler les livres de la bibliothèque de Don Quichotte : « Le poète Arioste, si je le trouve ici et qu'il parle une autre langue que la sienne, je ne lui garderai aucun respect ; mais s'il parle son idiome, je l'embrasserai de tout mon cœur. Son traducteur lui a ôté beaucoup de sa grâce naturelle, et de même feront tous ceux qui voudront traduire des vers dans une autre langue ; car quelque soin qu'ils y apportent, et tant habiles soient-ils, jamais ils n'atteindront au point qu'ils ont en leur première puissance » (Don Quichotte, Première partie, chap. VI).

On n'ignore pas l'opinion de Voltaire : « Les poètes ne se traduisent point » (Lettre à Madame du Deffand, 19 mai 1754). On n'ignore pas davantage le point de vue plus récent de Benedetto Croce : « La prose peut se traduire ; mais cette proposition doit se restreindre à la prose qui est purement prose, au caractère prosaïque de la prose ». Niant radicalement la possibilité de traduire la poésie (ou ce qui, soit dans la poésie, soit dans la prose, est poétique), Croce ne faisait que constater un fait, sans se hasarder à une explication. Quelle est donc cette spécificité du fait poétique, qui le rend radicalement impropre à sa transposition dans une autre langue ?

L'argument de Voltaire : « Peut-on traduire de la musique ? » paraît un peu court. Certes la « musique » d'une langue ne se transpose pas dans la « musique » d'une autre langue. Dans le meilleur des cas, la traduction ressemble à l'original autant que la transcription pour piano ressemble au *Don Giovanni* de Mozart ; pas davantage... Mais il est incontestable que dans le poème c'est autre chose encore que sa seule musicalité qui en rend la transposition impossible.

D'ailleurs si le procès fait à la traduction de poésie paraît justifié et sans appel, la preuve est faite que beaucoup de poètes qui s'y essaient paraissent avoir fait leur la maxime du Taiseux : « Il n'est pas nécessaire d'espérer pour entreprendre, ni de réussir pour persévérer ». On peut en conclure que c'est l'activité même du traducteur, et non le résultat obtenu par lui, qui le récompense. « Mission impossible », oui ; mais toujours tentée, toujours reprise, donc séduisante non par le résultat escompté, mais par le plaisir de l'action en elle-même. N'y a-t-il pas là un indice, un signe de piste ?

« *PRODUCTION* » *ET* « *CONSOMMATION* » *DE POESIE*

Si l'analyse de l'objet poétique s'était révélée décevante, peut-être l'examen du processus créateur apporterait-il quelque lumière ?

On retrouve la célèbre définition de Wilhelm von Humboldt. Il distingue l'*ergon,* l'œuvre achevée, l'objet qui résulte du processus, de l'*energeia,* le processus de production. Humboldt indique l'application possible de cette distinction au langage. Il pense que l'étude de l'objet linguistique, de l'*ergon*, telle que la pratiquent les philologues, atteindra bientôt ses limites ; qu'il serait plus profitable de considérer le langage comme une *energeia,* un constant processus de création. Il suggère qu'on s'intéresse à ce processus, plutôt qu'à ce qui en est résulté : à la production plutôt qu'au produit.

Effectivement, un mot de Paul Valéry paraît ouvrir une voie. A-t-on remarqué que dans la citation faite plus haut il parlait de « production » et de « consommation » de poésie ? Ne conviendrait-il pas d'observer le fonctionnement du phénomène poétique en tant que processus créateur à la façon dont, en économie politique, on analyse le trinôme producteur — produit — consommateur ?

A son cours du Collège de France Paul Valéry précisait : « Il me sera peut-être commode d'assembler sous les seuls noms de *production* et de *producteur* les diverses activités et les divers personnages dont nous aurons à nous occuper, si nous voulons traiter ce qu'ils ont de commun, sans distinguer entre leurs différentes espèces. Il ne sera pas moins commode, avant de spécifier que l'on parle de lecteur ou d'auditeur ou de spectateur, de confondre tous ces suppôts des œuvres de tout genre sous le nom économique de consommateurs... Producteur et consommateur sont deux systèmes essentiellement séparés. L'œuvre est pour l'un le *terme,* pour l'autre *l'origine* de développements qui peuvent être aussi étrangers que l'on voudra l'un à l'autre... Quand nous parlons d'œuvres de l'esprit, nous entendons, ou bien le terme d'une certaine activité, ou bien l'origine d'une autre activité, et cela fait deux ordres de modifications incommunicables dont chacune nous demande une accommodation spéciale incompatible avec l'autre... Reste l'œuvre même, en tant que chose sensible. C'est là une troisième considération, bien différente des deux autres. Nous regardons alors une œuvre comme un objet ».

Or la critique littéraire traditionnelle a un défaut très général. Presque jamais elle ne précise, comme elle devrait le faire, de quoi à chaque moment elle parle : est-ce de l'acte de création poétique (donc de la personne du poète), ou bien de l'objet poétique en soi (l'œuf pondu), ou bien de ce qu'en tire un consommateur, ce qu'on peut appeler, à l'instar des Allemands, la « réception» de l'œuvre ? C'est à peine si on paraît faire la différence, sautant de l'un à l'autre thème dans une même phrase. Voilà déjà une des causes de la confusion qui règne dans ce domaine.

Je ne connais guère qu'un critique, un seul — il est vrai, le plus célèbre — qui ait, et fort utilement, posé le problème en de tels termes, et c'est Aristote. Fils d'un des meilleurs médecins de son temps, formé à la rigueur du diagnostic, il se propose, pour analyser l'art dramatique, de partir du consommateur. Il constate alors un fait paradoxal. Voici un public qui se dérange de ses habitudes quotidiennes, qui se déplace pour assister en un lieu public, le théâtre, à la représentation d'événements qu'il ne voudrait en aucun cas voir se produire dans sa propre famille, dans son privé : incestes, fratricides, parricides, meurtres... Ce public, qu'est-ce donc qui l'attire, qu'est-ce qu'il vient chercher ? On connaît la réponse d'Aristote, une réponse de médecin : la purge des passions de l'âme. Il entend le terme de « passions » à un sens tout proche du niveau neurophysiologique. L'humain — c'est la constatation d'Aristote — est ainsi fait qu'il a besoin de faire fonctionner certaines fonctions : *phobos,* la terreur, que je traduirais par « le frisson », et *eleos,* qu'on traduit par la pitié, l'apitoiement, que je traduirais plutôt par l'attendrissement, ce puissant affect qui étreint le cœur d'une mère à la vue d'un enfant malheureux.

Mais qui, après Aristote, a repris l'analyse avec ce souci d'explication par la finalité, par la prise en considération de la fin du processus envisagé comme un tout ?

Que sait-on, par exemple, de la « consommation » de poésie lyrique ?

ANALYSE EN TROIS TERMES DU PROCESSUS DE COMMUNICATION

Paul Valéry avait choisi comme modèle du processus poétique le modèle économique à trois termes : producteur, produit, consommateur.

Avec la seconde guerre mondiale et le développement des techniques de transmission, un modèle quelque peu différent s'est présenté : celui de la communication d'information, par fil ou sans fil. Comme le modèle économique, il s'agit aussi là d'un processus à trois termes : l'émetteur (ou producteur d'information) ; le message (ou produit) ; le récepteur (ou consommateur d'information). Mais ici, ce qui est transféré n'est pas d'ordre matériel. C'est un quantum d'information décomptable en bits d'information, de l'ordre du digital, et même du numérique.

Pendant la guerre, on avait à résoudre des problèmes de communication à distance et l'occasion d'y réfléchir. La radio était moins perfectionnée qu'aujourd'hui. Le fil devait bien souvent pourvoir aux besoins de transmission d'information. C'est ainsi que le réseau téléphonique des chemins de fer a toujours fonctionné, indispensable qu'il était à la marche des trains. Or l'ennemi n'avait guère le moyen de le contrôler ; beaucoup de renseignements étaient ainsi transmis par les cheminots résistants. Autre cas : alors que les Allemands occupaient la Tunisie, ils ignoraient qu'un fil téléphinique secret reliait les officiers français restés sur place à l'état-major d'Alger, et que par cette voie la France libre était renseignée sur les activités de la Wehrmacht.

Mais un fil peut aussi servir à autre chose : on peut lui faire transmettre un simple top mettant le feu à une charge d'explosif, provoquer une explosion télécommandée.

Dans le premier cas, on transmet depuis un poste d'observation d'où l'on surveille la route un message du type : « vu passer lundi dix-sept heures cinq camions deux cars environ quatre-vingts hommes wehrmacht en direction cahors ». Ce genre de message doit mettre son destinataire en mesure de savoir exactement ce que sait l'observateur qui le lui fait parvenir : rien de plus, rien de moins, rien autrement. C'est là du langage télégraphique, digital. La valeur d'un tel message réside dans sa fidélité : il doit à l'arrivée reproduire aussi intégralement que possible l'information injectée dans le circuit informatif.

Dans le second cas, il en va tout autrement. Un fil électrique relie une charge d'explosif placée dans la pile d'un pont à un manipulateur caché à quelque distance. Quant on agit sur le manipulateur, on démolit le pont, éventuellement les véhicules ennemis qui s'y sont engagés. Il n'y a aucune commune mesure, aucune homomorphie entre le geste du producteur de signal et l'effet produit par ce signal ; aucune conformité entre ce qui est injecté au départ et ce qui se produit à l'arrivée. Dans ce cas, analyser le message — le top transmis électriquement — n'apprend rien, ne mène strictement à rien. Pour comprendre ce qui s'est passé, il vaut mieux savoir combien de kilos d'explosif il y avait dans le fourneau de mine. Le signal émis n'a fait que provoquer l'explosion ; il a agi par provocation.

Or la transmission verbale de type poétique fonctionne sur le modèle de la provocation. Reprenons l'exemple du Bourgeois gentilhomme. Quand Monsieur Jourdain dit : « Nicole, apportez-moi mes pantoufles », il s'agit de transmettre à Nicole un ordre, apporter les pantoufles au maître. Il communique à la servante une information très précise. Par contre, quand à la Marquise il écrit « en vers », comme dit Molière, « d'amour mourir me font... », l'objectif poursuivi est bien différent, et différent même de la teneur informative du message : il s'agit de faire sur la Marquise un effet donné — la séduire — qui n'a qu'un rapport indirect et lointain avec l'information transmise.

La communication poétique est une provocation. C'est le déclenchement à distance d'une sorte d'explosion psychologique chez celui qui est atteint par le message. L'objet du trait poétique, c'est — comme le dit excellement René Daumal — « le tumulte qui s'élève en ton corps lorsque tu l'écoutes ».

On peut même légitimement se demander si le terme de « transmission » est encore adéquat quand il s'agit de l'effet poétique. Paul

Valéry avait fait là une erreur, redressée par cet autre poète et poéticien qu'était Pierre Reverdy, qui disait : « Il ne s'agit pas d'exprimer ou même de transmettre, comme dit Valéry, un *état poétique* — il s'agit de le provoquer. Le poète est celui qui sait, qui doit savoir et pouvoir par le moyen du poème provoquer cet état ». Comme il y a un Paradoxe du comédien, il y a un Paradoxe du poète.

Partant de cette constatation — la différence en teneur informative, digitale, du message « en prose » et du message « poétique » — on pourrait être tenté de faire de l'analyse de cette différence de teneur un procédé de séparation des isotopes. On fait bien, dans l'industrie de l'atome, de la différence de densité entre U 235 et U 238 la base d'un système de séparation des isotopes par voie de centrifugation. Ne pourrait-on utiliser dans le domaine du langage un procédé comparable ?

Cela a été tenté ; on a, provisoirement du moins, abouti à un échec. Non que le principe ait été mauvais ; simplement on avait pris le problème par le mauvais bout en tentant d'isoler l'élément proprement poétique du message.

En octobre 1925, l'abbé Henri Brémond avait lu à la séance publique annuelle de l'Institut un mémoire sur « la poésie pure ». Sur « ce sujet magnifique, si vaste et qui exerce depuis trois mille ans la subtilité des philosophes », l'auteur de *Prière et Poésie* ouvrait un débat retentissant. « Pour lire un poème poétiquement, disait-il, il n'est pas toujours nécessaire d'en saisir le sens ». Il ne fallait surtout pas, selon lui, « réduire la poésie aux démarches de la connaissance rationnelle ». Le critique Paul Souday, rationaliste convaincu, réagissait vivement : « La raison est la bête noire de M. Brémond. Il n'attache aucune importance au sens des vers ». Une très vive polémique se poursuivit pendant des semaines, des mois. Mais, comme c'est l'habitude, chacun avait eu le souci de briller, plutôt que celui d'éclairer le sujet. Le comble avait été mis à la confusion quand Paul Claudel, mystificateur à ses heures, avait proclamé que le plus beau vers de la langue française, c'était la phrase du Code pénal : « Tout condamné à mort aura la tête tranchée ».

En fait, il est vain de vouloir isoler une « poésie pure », car il n'y a pas d'expression verbale, si sommaire soit-elle, qui ne véhicule un quantum d'information. Le simple « Hé ho hisse hé ho ! » de la chanson de matelots est une invitation on ne peut plus explicite à virer au cabestan.

C'est à l'inverse qu'il faut poser le problème : ce qu'il faut tenter d'isoler, c'est la « prose pure », un énoncé verbal qui ne contiendrait que de l'information. Or cela est possible, facile même. On peut donner comme exemple de prose pure, totalement informative, précisément la phrase du Code pénal citée par Claudel. En quelque langue qu'on la traduise, de quelque façon qu'on la prononce, à voix haute ou à voix basse, avec passion, indignation ou indifférence, lentement ou vite, ou même que tout simplement on l'écrive ou l'imprime, l'information contenue dans la phrase aura passé intégralement, le condamné à mort aura la tête tranchée.

Là encore on retrouve un problème très ancien, et même antique. La distinction que nous essayons de faire entre langage analogique et langage digital, c'est la distinction que faisaient Platon et son disciple Aristote entre le *mythos*, la parole archaïque, poétique, où tout peut être dit, mais aussi bien le contraire, sans que jamais rien ne soit ni vrai ni faux, et le *logos*, cet autre langage qui permet de faire la discrimination entre le vrai et le faux, qui est donc l'instrument de la recherche de la vérité. De ce *logos* Platon dit expressément qu'il est « langage arythmique », le rythme ayant sur l'auditeur un effet pervers qui le séduit, l'enchante, le prive de sa lucidité. C'est pourquoi Platon entend exclure les poètes, que pourtant il aime et apprécie, de sa République. Encore accepte-t-il qu'il se trouve des avocats pour plaider leur cause. Mais Platon exige d'eux qu'ils le fassent en logos

Peut-être, au lieu de dire le langage du vrai — après tout, quel discours, plus que le discours théologique, peut prétendre à être le langage du vrai ? — serait-il plus exact de dire : le langage du vérifiable.

FAISONS LE POINT

Faisons le point des résultats acquis.

Si l'on emploie, comme je vais le faire un instant, pour refermer aussitôt la parenthèse, le terme de langage en un sens figuré et très général pour désigner tous les modes de communication (on dit bien « le langage des abeilles »), on constate que tous ces langages quels qu'ils soient peuvent se proposer deux objectifs de nature différente : soit de transmettre de l'un à l'autre, de l'un aux autres, un quantum donné d'information, soit de produire sur lui, sur eux, un effet donné. On peut également, et c'est même le cas général, combiner ensemble ces deux fonctions, et par exemple chercher à provoquer une émotion à travers un contenu plus ou moins informatif. L'analyse est toujours délicate, souvent sujette à contestation. Pour prendre un exemple dans le domaine du non-verbal, du gestuel : un père donne une taloche à son fils qui lui a menti. La gifle avait pour objet d'inscrire dans l'esprit de l'enfant un contenu informatif abstrait : il ne faut pas mentir. Mais pour faciliter l'assimilation de ce contenu abstrait, le père emploie les coups, qui sont encore un moyen de communication.

Mais il est loisible de poser en principe que le langage de pur type digital a pour fonction première et mission finale de transmettre un quantum d'information dénombrable en bits ; tandis que le langage analogique a pour objet principal de provoquer chez celui qui en reçoit l'expression un effet donné, éventuellement à travers une information bien présentée. Dans le discours le plus répandu, les deux sont très communément associés, comme les isotopes de l'uranium le sont dans l'uranium naturel.

Pour donner un exemple de ces deux sortes de langage, je rappelle que l'algèbre est un « langage » digital pur, que la musique est un langage analogique pur et que la parole verbale est un hybride.

Comme l'existence de ces deux langages est pressentie depuis l'antiquité, mais qu'à travers les âges elle a été diversement reconnue, qu'aujourd'hui elle prend une signification un peu différente, il est utile d'établir un tableau montrant la correspondance terme pour terme.

Platon :	logos (arythmique)	mythos
Molière :	prose	vers
Pius Servien :	langage S (sciences)	langage L (lyrique)
L'informaticien Bruno Lussato :	langage « dur »	langage « mou »
On pourrait dire :	communication informative	communication expressive
Il vaut mieux dire :	langage digital	langage analogique

Par ailleurs il s'est révélé utile d'étudier non seulement le résultat acquis (*ergon*), mais le processus tel qu'il se déroule dans le temps et l'espace (*energeia*). Il s'agit d'un processus à trois termes, qu'on peut qualifier différemment. Voici encore un tableau de correspondances :

schéma économique :	producteur / produit / consommateur
schéma informatique :	émetteur / message / récepteur
schéma poétique :	poète / poème / auditeur
schéma littéraire :	auteur, écrivain / œuvre / lecteur

Quand on applique ce schéma ternaire à l'analyse du processus de communication, on constate que ces trois termes représentent aussi trois phases successives du processus.

On s'aperçoit alors que la communication de type digital, informatif, fonctionne de la façon suivante :

émetteur	/	message	/	récepteur
(intention)		(quantum d'information)		(restitution de l'intention initiale)

Dans ce cas, la qualité première du processus de communication, ce qu'on attend de lui, c'est la fidélité, la « haute fidélité », dans la transmission du quantum informatif de l'émetteur au récepteur. Le message peut avoir été codé, transcodé, décodé, passé à une vitesse quelconque, au ralenti par le télégraphe optique de Chappe ou en accéléré comme dans les informations reçues des satellites d'observation — aucune importance, le contenu informatif n'en est pas affecté. Mission accomplie.

Dans la communication de type analogique, expressif, il en va tout autrement.

émetteur (intention)	/	message (quantum d'information, *plus* un autre élément jusqu'ici non identifié)	/	récepteur (effet)

Par le terme d'effet, j'entends que ce qui se passe chez le récepteur est autre chose, est d'une autre nature que la restitution intégrale d'un message informatif. Ce qui se passe là n'est ni définissable ni descriptible ni analysable selon le quantum d'information contenu dans le message. Cela ne relève d'aucune méthode existante ni même concevable de traitement de l'information. Ce n'est pas même prévisible rationnellement, en raison d'implications qui échappent à l'observation. L'effet produit par la communication analogique fait appel aux ressources propres du récepteur ou consommateur. Il dépend donc, en fin de compte, de ce qu'on pourrait appeler les structures d'accueil. Le plus beau poème manque son effet s'il tombe sur un terrain inerte, sur quelqu'un qui n'est pas sensible à ce genre de provocation. C'est que l'effet que je nomme ici poétique emprunte l'énergie libérée par le phénomène à l'énergie propre du consommateur. Le message analogique ne joue qu'un rôle de déclencheur. Je le répète : il n'est qu'une provocation.

Un mot encore. Je viens de parler d'effet poétique, et j'ai pris pour base d'analyse le fait poétique. Je n'ignore pas pour autant que le fait poétique (tel que le présentent les poèmes) n'est qu'un cas particulier d'un phénomène beaucoup plus général. Voici deux exemples de communication verbale de type analogique : le discours publicitaire, le discours politique. Sous le couvert d'une apparente communication d'information, tous deux contiennent extrêmement peu d'information, par contre une proportion considérable de ce que j'appelle provocation : ne s'agit-il pas d'amener le consommateur à tirer son carnet de chèques, à mettre dans l'urne un certain bulletin de vote ? Il est inutile, je pense, de donner des exemples : reportez-vous à votre journal habituel.

Il en est un troisième exemple, peut-être inattendu, et c'est l'insulte. L'insulte est un coup lancé de loin, à quelqu'un qui est pour une raison quelconque hors de portée physique — qu'il soit trop loin, qu'il passe trop vite, qu'on ait peur de s'affronter à lui... Or l'insulte est foncièrement analogique, poétique. Un poète espagnol de la génération de Federico Garcia Lorca — on peut soupçonner Lorca d'en avoir fait autant dans le barrio de Grenade — offrait à des gitans un verre d'amontillado et « dos pesetas » pour se faire insulter par eux pendant cinq minutes. Il notait tout, et affirmait avoir découvert là un trésor de poésie spontanée.

SELON QUELS CRITERES IDENTIFIER LA PRESENCE DES ISOTOPES ?

Devient-il possible d'identifier dans un texte donné les isotopes du langage, d'y reconnaître la part relative de langage analogique et de langage digital ?

Rappelons les critères proposés par Pius Servien et adoptés par nous. Ils devaient permettre de distinguer ce qu'il appelait le langage L (notre langage de type analogique) du langage S (que nous désignons du terme digital).

Premier critère : le texte soumis à l'analyse est-il traduisible dans une autre langue sans perte appréciable de substance ? Si oui, et dans la mesure où il l'est, il s'agit d'un énoncé en langage S ; en langage digital, en prose pure. Quand on traduit un texte hybride, ce qui est le cas le plus général, ce qui subsiste du texte original dans la version qu'en donne le traducteur, c'est en gros la prose qu'il contient, son quantum informatif. Voici déjà plus qu'un procédé d'identification : un procédé de séparation des isotopes. On peut aussi, si l'on n'est pas bilingue, simplement traduire un poème en prose. Quelqu'un dont l'histoire n'a pas retenu le nom n'avait-il pas fait une traduction en prose du *Cimetière marin* de Valéry ?

Second critère proposé par Pius Servien : le rythme d'un texte donné est-il un élément constitutif du message ? Le rythme est-il à sa façon porteur d'au moins une partie de la raison d'être du message ? Si oui, et dans la mesure où c'est le cas, on est en présence d'un texte poétique, expressif, analogique. Certes, mais cela suppose que le texte ne soit pas simplement lu des yeux ; pour qu'il agisse, il faut qu'il soit « exécuté » à voix haute, oralisé.

Il faut renoncer au moins provisoirement au troisième critère proposé par Pius Servien en raison de la difficulté de le mettre en œuvre. La phrase soumise à l'analyse, disait-il, a-t-elle un seul sens, et non plusieurs, et a-t-elle le même sens pour tout le monde ? A partir du moment où on s'engage dans la recherche du sens et de la signification, on s'avance à tâtons dans une nuit épaisse. Il est impossible de constater avec quelque certitude ce que les uns ou les autres comprennent à l'énoncé d'une phrase donnée.

Par contre, il y a lieu de compléter le répertoire de critères proposé par Pius Servien de plusieurs autres.

Nous adopterons comme troisième critère l'emploi de la *négation* dans le texte considéré. Le langage analogique en effet ignore la négation. Du moins ne l'emploie-t-il qu'avec une valeur négative très relative : réduite en quelque sorte au titre de figure de rhétorique.

Que représente la négation, d'où est-elle issue ? Car c'est là une notion d'apparition relativement récente, dont l'archéologie reste à faire.

A l'origine de la négation, il pourrait y avoir au niveau gestuel la dénégation. Pour le psychanalyste et psychologue René A. Spitz (*No and Yes. On the genesis of Human Communication.* New York 1957), la négation se marque chez le nourrisson par le geste de la tête qui refuse le sein, la bouche esquivant d'un côté, puis de l'autre, le tétin offert. Ce serait là l'origine de notre geste dénégatif. Encore faudrait-il tenir compte du fait que ce geste de la tête n'a pas partout cette même valeur. Ce n'est pas un des universaux gestuels comme il en existe.

Si l'on passe du langage des gestes à la parole, il faudrait étudier l'émergence progressive de la négation à travers les textes écrits, à commencer par les plus anciens. Ceux de la civilisation sumérienne ont quatre mille ans.

Il est difficile d'apprécier les stades de cette émergence dans des langues qui ignorent nos catégories linguistiques. Ainsi, sauf quelques pronoms et quelques particules, le sumérien ne distingue pas ce que nous appelons « les parties du discours ». Le même mot, invariable en soi, peut jouer le rôle aussi bien de substantif que d'adjectif, de verbe ou d'adverbe. Aussi *dug* peut également vouloir dire « le bien », « la bonté », « bon » ou « bons », « bonne » ou « bonnes », « bien agir », « bonnement », etc. Tout dépend du contexte. (Jean Bottéro, *L'histoire commence à Sumer*, Paris 1947, p. 303). Le verbe ignore les « modes », les modalités de l'action, et le « temps » où elle se passe n'est souvent pas indiqué. Aussi les traductions que nous en avons sont-elles plutôt des interprétations.

D'après les traductions de poèmes sumériens que nous devons à S.N. Kramer, la plus ancienne manifestation verbale négative, celle que nous rencontrons dans ces textes, est le refus. Lorsque le prince Enmerkar envoie au seigneur d'Aratta un héraut qui lui enjoint de se soumettre à Uruk, le dit seigneur répond (dans l'interprétation de Kramer) : « Non ! Aratta ne se soumettra pas à Uruk ; va le lui dire ! ».

Une seconde forme de négation est l'interdiction. Gilgamesh recevant l'ultimatum du roi de Kish dit au Conseil des Anciens : « Ne nous soumettons pas à la maison de Kish, frappons-les de nos armes ! ».

Une troisième forme de la négation est déjà plus abstraite. Elle exprime le non-être qui a précédé l'être : « En ce temps-là », il n'y avait pas encore de brebis ni d'agneaux, pas encore de chèvres ni de chevreaux, « Uttut n'était pas encore née ».

Mais on est encore très loin du concept moderne de négation, c'est-à-dire de ce signe dont on affecte une affirmation pour la transformer en son contraire ; ce signe par lequel l'existant énoncé est déclaré non-existant.

Quelque cinq cents à mille ans après Sumer, en ugaritique, langue parlée sur la côte syro-phénicienne, il y a une particule négative ; mais elle est notée de la même façon que sa symétrique, la particule affirmative. Seul le contexte indique le choix interprétatif à faire.

Encore dans le Nouveau Testament, il est expressément recommandé, donc pas évident, « que votre oui soit oui, que votre non soit non ; tout le reste est du démon ».

On conçoit que la pensée archaïque, analogique, se trouve devant une difficulté insurmontable pour exprimer dans une formule verbale tout à la fois que quelque chose existe — puisqu'on le nomme, qu'on en parle — et qu'il n'existe pas. Elle en est encore au stade du *mythos :* ce qui est dit est dit. Pour Freud, dans le rêve, la négation n'existe pas.

Elle domine encore, cette pensée archaïque, dans notre pratique quotidienne. Dans divers emplois actuels du langage analogique, la négation n'est guère perçue en tant que telle. Dites à quelqu'un, avec la meilleure intention du monde, qu'il n'est pas un triple imbécile, il risque de ne pas avoir perçu le *ne pas* et de prendre mal la chose. Par contre, dites d'une fille qu'elle n'est pas jolie, jolie, elle sera beaucoup moins vexée que si vous dites qu'elle est laide et qu'on lui rapporte votre propos. C'est le principe de l'euphémisme : on appelle un aveugle un « non-voyant », un pauvre type un « défavorisé », un malotru un « malpoli ». A l'audition, notre affectivité ne retient que « jolie, voyant, favorisé, poli ». Il y a un niveau cérébral archaïque, mais très vivant, auquel la négation n'existe pas.

Elle n'est qu'une catégorie intellectuelle, abstraite, d'ordre numérique, digital, d'introduction récente dans notre système cérébral.

L'apparition de la négation dans le discours peut être rapprochée de l'introduction du zéro dans la numération moderne, ce zéro qui n'existe pas dans les chiffres romains. Qu'on essaie d'enseigner l'arithmétique à un Gitan adulte qui n'a jamais été à l'école, il vous demande : « Zéro, ça fait combien ? » Et si on lui dit que zéro, ce n'est rien — à quoi bon en parler, à quoi bon le noter, puisque ce n'est rien !

On sait d'ailleurs qu'il a fallu aux chiffres arabes plusieurs siècles pour s'imposer. Au XVIe siècle encore, certains comptables préféraient les chiffres romains, selon eux moins faciles à truquer. L'invention du zéro n'a-t-elle pas quelque chose de diabolique, n'est-elle pas un artifice du Malin, comme la négation elle-même ? Méphisto, « l'esprit qui toujours nie ».

L'émergence de la négation dans le langage paraît étroitement liée à l'invention et l'utilisation de l'écriture, plus précisément aux usages archaïques de l'écriture, c'est-à-dire à la comptabilité. Sa forme la plus ancienne est sans doute l'équivalent de l'« état néant » de l'intendance militaire.

L'usage de la négation dans un texte donné, la valeur plus ou moins effectivement négative qui lui est accordée, voilà un critère de séparation des isotopes du langage.

Un quatrième critère est la valeur que, dans un texte donné, prennent les *silences*. Dans la communication digitale, purement informative, le silence n'est qu'une absence de communication : une interruption dans la transmission, un blanc, un temps mort.

Au contraire, dans le langage analogique le silence est signifiant, il fait partie du message, il est expressif. Il se peut même que ce soit lui qui dise l'essentiel, l'indicible. La musique grecque, qui englobait et régissait la parole poétique, savait parfaitement noter les *chronoi kenoi*, les temps vides, syncopes ou autres.

Comment se fait-il qu'il en soit ainsi ? La raison vaut qu'on s'y arrête. Le rapport de la communication digitale à la dimension temporelle est tout à fait différent de celui de la communication analogique. Selon qu'on est dans l'un ou l'autre système, la référence temporelle est totalement différente.

Le temps de la communication digitale est celui de la physique moderne : c'est la quatrième dimension du continuum espace-temps, une dimension elle aussi rectiligne, comme les trois dimensions spatiales, et s'étendant comme elles à l'infini dans les deux sens. C'est le temps de l'astro-physique, celui qui permet les rendez-vous spatiaux : le « temps universel coordonné », que d'ailleurs il faut rectifier une ou deux fois par an en raison des irrégularités de la rotation de la Terre.

Mais ce temps-là n'est pas celui dans lequel se situe notre perception neurophysiologique. Par exemple, dans la dimension temporelle de la physique, le présent n'existe pas : il n'est qu'une limite sans épaisseur aucune entre le passé et le futur. Un tel temps est pour nous invivable. Nous avons besoin, pour vivre, d'un présent, d'un actuel, d'une perceptible durée.

Notion subjective, diront les astrophysiciens. Effectivement, pour eux le présent tel que nous le percevons est un segment de temps à cheval sur le passé et le futur, dont une part, le passé, n'existe plus, et dont l'autre, le futur, n'existe pas encore. Le « présent » y est un artifice arbitraire que chacun définit par rapport à ses préoccupations du moment : la minute, l'heure, la journée en cours. Ce peut être la génération actuelle. Mais chacun a besoin d'une plage de durée habitable et habitée, qui soit son champ propre. A la limite, « le présent », c'est pour chacun la durée qui s'écoule entre sa naissance et sa mort. Il ne se sent guère concerné par ce qui s'est passé avant lui ni par ce qui se passera après lui.

Parallèlement et non sans qu'il y ait quelque rapport entre elles, on voit se développer au cours des âges des différenciations dans la perception temporelle.

L'une d'elles se rapporte aux activités de l'*homo faber*, à la fabrication. Elle amène à distinguer deux modèles de dimension temporelle : le temps de la croissance, celui de la construction.

Le temps biologique, naturel, est celui de la croissance. Il est continu, sa durée est homogène. Il ne comporte aucun projet, aucune projection sur l'avenir. Chaque instant se suffit à soi-même, il est un accomplissement. Ainsi à tout moment de son existence un chêne est un chêne, depuis la plantule issue du gland germé jusqu'au géant de la forêt. Constamment, et jusqu'à ce qu'il retourne au non-être, il vit sa durée.

Au contraire, au moins depuis la taille du silex et sans doute bien avant, l'activité humaine se développe selon la dimension temporelle de la construction, qui comporte le projet. On l'a fait remarquer : le paléo qui détache d'un nucleus de silex des éclats tranchants a en tête un projet : il voit à l'avance le geste qu'il va faire, l'objet qu'il va produire. Il a une vision de ce qui n'existe pas encore. Le propre de de cette vision projective et de ses produits est que, tant que le projet n'est pas accompli, il n'y a rien — rien qu'un projet en voie de réalisation ; pas d'objet qui mérite un nom. Tant que le dernier boulon d'assemblage d'un moteur diesel n'est pas en place, il n'y a « rien », rien d'autre qu'une projection sur l'avenir.

Il se trouve — on peut facilement le vérifier — que toutes les œuvres humaines qui plaisent — à l'œil, à l'oreille, à l'esprit — présentent cette singulière caractéristique qu'elles rendent sensible une association chaque fois spécifique et réussie de ces deux dimensions temporelles, celle de la croissance et celle de la construction. Elles combinent ce qu'on aurait appelé jadis la nature et l'art, le spontané et l'artificiel. Ainsi la sculpture est une technique de tailleurs de pierre, de modeleurs d'argile, certes ; mais son objet préféré est le corps humain, ce qu'il y a de plus naturel au monde. Le temple grec est fait de marbre taillé, soit ; mais ses colonnes sont une forêt aménagée. Le triglyphe de l'ordre dorique est le bout d'une solive ; et pour qu'on ne s'y méprenne pas, l'architecte y a fait reproduire en marbre les chevilles qui antérieurement assujettissaient la solive à la charpente.

A la source du plaisir que procure l'œuvre d'art, il y a la perception plus ou moins inconsciente d'une réconciliation dans l'objet concret, sensible, du temps de la croissance et du temps de la construction.

Pour expliquer aux Européens l'originalité de l'univers japonais, Augustin Berque (*Vivre l'espace au Japon*, Paris 1983) fait appel au bonsai, l'arbre nain. Il conclut que ce qui caractérise l'art japonais en tant que mode de vie, c'est l'instauration d'un rapport particulier entre le « sauvage » et le « bâti ».

Un autre aspect de notre perception de la durée est le contraste entre le temps linéaire, qui est celui de la mécanique et de l'astrophysique, et le temps cyclique, qui est de la biologie.

Pour les civilisations agraires, dont nous sommes les héritiers, la dimension temporelle telle que nous la percevons naturellement est cyclique : ronde des heures, alternance des jours et des nuits, retour des saisons, renouvellement et remplacement des générations, orbite des astres.

Bien avant que les cadrans à affichage numérique ne nous imposent de renoncer à la perception cyclique du temps, voici plus d'un siècle que les poètes, plus sensibles que d'autres, ont exprimé l'angoisse que nous procure l'invasion de notre existence par le temps linéaire : « O Temps, suspends ton vol... », « le moment où je parle est déjà loin de moi ».

Sans doute, dira-t-on, cette angoisse a toujours existé. On citera Horace, *eheu fugaces, Postume, Postume*... On citera avec plus d'à-propos encore l'Ecclésiaste : « Tout n'est que vanité et poursuite du vent ». Mais le phénomène s'est accentué et accéléré avec la substitution, par notre civilisation technique, du temps linéaire au temps cyclique. Ce qu'on appelle angoisse existentielle n'est peut-être pas autre chose.

Il n'est pas impossible que l'extraordinaire succès, en notre siècle, de rythmes simples, sommaires, introduits d'abord par la musique nègre et devenus la musique de grande consommation, ait quelque rapport avec une généralisation de l'angoisse devant le vide de la dimension temporelle physique, avec l'exigence profonde de s'y créer une plage de durée vivable, vécue. Il faudrait faire une enquête auprès de ceux qui se promènent le walkman à la ceinture, les écouteurs aux oreilles... Ce qu'ils recherchent, ce n'est certainement pas de l'information. Peut-être la drogue est-elle aussi une réponse à cette angoisse devant le vide du temps physique.

Le remède à l'angoisse a de tout temps été le rythme : le rythme par lequel on peut toujours se créer une plage de durée vécue.

Mais le rythme sonore, c'est une alternance entre des pleins et des vides, entre des sons et des silences. Un son continu n'est pas un rythme.

Cela est vrai en musique, et c'est vrai en langage analogique. La parole scandée comporte des silences, silences qui sont expressifs.

Les poètes le savent, certains l'ont dit : le moment le plus puissant d'un vers, c'est la césure, c'est-à-dire un temps suspendu qui est un climax. Mais il y a aussi des césures à une échelle plus vaste, celle de l'œuvre dans son entier. Hölderlin l'avait montré pour l'*Antigone* et l'*Oedipe* où chaque fois la césure est marquée par l'intervention de Tirésias. On peut déceler aussi dans le *Don Giovanni* de Mozart ce type de césure : le cri de Zerline, le *qui nasce una ruina* de Leporello, marquent la catastrophe à sa naissance, le point de rebroussement du cours des choses. Il convient, comme l'avait fait Fritz Busch, de marquer cette césure dans le drame musical d'un silence d'une seconde de temps suspendu, de respiration du destin, avant de repartir dans l'autre sens sur un autre rythme.

Le message digital n'a pas de durée propre. Il peut être transmis au ralenti, en accéléré, condensé en quelques secondes, sans que le contenu informatif en soit le moins du monde altéré. Le message analogique, lui, ne fonctionne qu'en temps réel. Imaginez-vous un message publicitaire, un prêche, un discours politique condensés en une seconde ? Cela est lié au fait que leur contenu informatif est faible, que leurs visées sont autres.

Un cinquième critère de séparation des isotopes du langage est l'effet produit par la *répétition* du message, ou, à l'intérieur du message, d'une partie de celui-ci. Le message informatif n'a pas, lui, à être répété, sinon pour être collationné s'il y a hésitation sur l'exactitude de la transmission. S'il y a répétition, on la nomme redondance. La redondance n'est d'ailleurs pas nécessairement une nuisance : elle peut servir à corriger des erreurs, des incertitudes de transmission.

Mais théoriquement la redondance n'est ni nécessaire ni même utile. Ce qui est dit l'est une fois pour toutes. Le télégramme qui annonce la mort du vieil oncle, le lieu et la date des obsèques, une fois qu'on l'a reçu, lu et enregistré, il n'y a pas lieu de le relire ni même de le conserver. L'information ayant été communiquée, sa place est dans le classeur ou dans le panier à papier.

Au contraire, le dict poétique gagne en efficacité du fait même de sa répétition. Qu'on songe au refrain des chansons. Dans un domaine voisin — Kafka disait que la poésie et la prière, c'est un peu la même chose — le contenu informatif de l'*Ave Maria* des chrétiens, de l'*Allah ou akbar* des Musulmans, du *Aum mani padme houm* des moines tibétains est restreint et vite épuisé. Sa valeur est ailleurs : la répétition lancinante du message, surtout si elle est collective, rythmée, accompagnée de gestes, peut engendrer de véritables transes et mettre en mouvement des foules.

On serait tenté de suggérer l'utilisation d'un sixième critère : le texte informatif peut être simplement lu des yeux, cela suffit pour que sa fonction soit accomplie. Et même un discours entendu, nous attendons d'en lire le texte dans la presse pour vraiment savoir ce qu'il dit effectivement. Au contraire le texte analogique, expressif, ne prend sa valeur et n'accomplit sa finalité que s'il est dit à haute voix, et mieux encore si le consommateur lui prête sa propre voix, le reconstitue en geste vocal. Là encore il y a une analogie avec la prière, avec l'incantation. Le charme, au sens original et étymologique du terme (du latin *carmen*, chant) n'agit, et la prière n'est efficace que dite, chantée, et de préférence par l'intéressé lui-même. Les insultes écrites — par exemple une lettre anonyme injurieuse — n'agissent qu'à partir du moment où celui qui en est l'objet se les répète, se les redit.

Armé de ces quelques critères — on en trouvera d'autres — il est plaisant de procéder à l'analyse de textes, de tester sous cet angle le discours d'un homme d'Etat, un propos publicitaire, une invective, et de faire le tri : quel est le contenu d'information — et le reste, le « bruit ». Si l'on « filtrait » ce bruit, que resterait-il du message ?

A quoi bon faire ce tri, demandera-t-on ? En fait, les considérations théoriques qui précèdent ont déjà une retombée technologique considérable. Ce qui aurait pu n'être qu'une chasse aux indices, un jeu de piste, éclaire d'un jour nouveau par exemple le problème de la traduction automatique des langues.

On sait l'immense et coûteux effort de traduction que comporte l'activité des grands organismes internationaux : UNESCO, ONU, FAO, Organisation mondiale de la Santé, organismes européens, etc. Chaque texte doit être traduit dans chacune des langues des Etats membres. Depuis une trentaine d'années on se pose le problème de l'automatisation de la traduction : comment fabriquer une « machine à traduire », se demandait-on.

En fait, le problème de la traduction automatique n'est pas, comme on le pensait alors, de construire une machine ad hoc. Pour le travail lui-même, n'importe quel ordinateur un peu doué et bien programmé peut ou pourra s'en acquitter. Ce n'est pas une question de *hardware,* mais de *software*, de programmation. Les problèmes théoriques sont encore importants, mais on sait que certains sont solubles. Voici un de ces problèmes : ne serait-il pas rationnel, donc économique, de passer par la plaque tournante d'une langue artificielle, cette langue commune abstraite et logique dont rêvait Leibniz, plutôt que de constituer un corpus d'équivalences entre chaque fois deux langues : le français et l'anglais, le français et l'allemand, le français et l'espagnol, et ainsi de suite. Je ne m'y arrête pas.

Le seul problème qu'on n'arrive pas à résoudre, tout simplement parce qu'il n'est pas soluble, c'est la transposition d'une langue à une autre du contenu de messages analogiques, expressifs. Les textes digitaux, informatifs purs, ne présentent aucune difficulté. Traduire automatiquement d'allemand en français un article d'une revue scientifique ou technique, on y parvient déjà à peu près. Mais faire traduire Goethe, Shakespeare par la machine, il n'en est pas et il n'en sera jamais question. Il est définitivement impossible de traduire automatiquement la poésie, le discours politique, l'homélie, tous en langage foncièrement analogique.

Le problème est donc de ne soumettre à la machine à traduire — à l'ordinateur chargé de l'opération — que des textes en « prose pure », informatifs, digitaux ; soit que ceux qui écriront en vue de la traduction en tiennent compte et s'astreignent à écrire en style digital, soit que les textes tout venant, généralement hybrides, soient soumis à une rédaction préalable qui en éliminera les éléments analogiques, ou les transcrira en digital.

LE « PHENOMENE POETIQUE PRIMITIF », ALLIAGE INTIME DU RYTHME...

La condition d'efficacité du message analogique, poétique, peut se résumer en une phrase : l'objet verbal efficace comporte obligatoirement deux éléments parfaitement associés, alliés : un rythme, une image.

Il sera plus facile de le démontrer à l'occasion de cette forme archaïque, donc encore simple, mais toujours vivante, d'expression poétique qu'est l'insulte.

Dites à quelqu'un, d'une voix neutre, que son coefficient intellectuel est très au-dessous de la moyenne, il sera peut-être vexé, il ne vous mettra pas sa main dans la figure parce qu'il ne sera pas neurophysiologiquement ému. Traitez-le de « triple c... ! », il conviendra de vous mettre en garde de boxeur. Pourquoi ? Parce que vous l'avez frappé. Vous lui avez lancé un coup verbal, associant un rythme et une image. De plus, l'image est empruntée au vieil arsenal des tabous sexuels, d'une magie qui n'a rien perdu de son efficacité.

Que chacun en fasse l'expérience : une insulte à laquelle manquerait un de ces deux éléments, soit le rythme, soit l'image, ne serait plus une insulte, elle n'agirait plus. Elle ne blesserait plus celui à qui elle s'adresse, elle ne soulagerait plus celui qui la profère.

Le phénomène de base, ce que Goethe appelait *Urphänomen,* en poésie (au sens le plus large) ou, comme disait Gaston Bachelard, « le phénomène poétique primitif » — l'équivalent dans ce domaine de ce qu'a été pour la biologie la découverte par Virchow de la cellule, *omnis cellula e cellula* — c'est la combinaison, la synthèse d'un rythme verbal et d'une image verbale. Il n'y a pas là un simple effet additif, mais, comme on dit en pharmacopée, une synergie. On appelle synergie l'association de deux produits quand l'efficacité de leur combinaison est supérieure à la simple addition de l'efficacité de chacun des composants pris séparément, ou même différente d'elle.

Dans l'effet de synergie de la combinaison d'un rythme verbal et d'une image, il n'y a pas simplement rythme *plus* image, mais rythme *multiplié par* image.

Cela est très simple à vérifier. Prenez n'importe quelle expression analogique, faites-en disparaître par un procédé quelconque l'un des deux éléments, que ce soit le rythme ou l'image : il ne se produit plus rien.

Cette association, à l'aube de l'espèce humaine, d'un rythme sonore et d'une image est la première synthèse qu'ait pratiquée notre espèce. On ne peut lui comparer que l'invention de l'outil : un silex taillé attaché à un manche.

Mais qu'est-ce qu'un rythme, qu'est-ce qu'une image ?

Rythme verbal et image mentale sont l'un et l'autre des structures — dans la mesure où ils sont des artefacts, une structuration — des quatre dimensions, spatiales et temporelle, qui servent de cadre physique à notre existence.

Commençons par le rythme. L'Evangéliste disait : au commencement était le Verbe. Nous pourrions dire, on a dit : au commencement était le rythme. Le Rythme : une durée structurée. A l'origine de toute vie, de la Vie, il y a un rythme binaire : vie/mort, être/non-être... La vie est une alternance, donc un rythme binaire. Le Vivre apparaît de plus en plus comme un tissu de rythmes entrelacés. L'étude des rythmes biologiques, entreprise voici quelques années comme une discipline spécifique nommée chronobiologie, apparaît d'ores et déjà comme prodigieusement féconde.

On sait, depuis les expériences faites par l'URSS stalinienne, que le plus sûr et plus rapide moyen de vider un être humain de sa substance psychique, et cela jusqu'à le faire douter de sa propre identité, c'est de le priver de toute référence à un temps extérieur périodique : incarcération dans une cellule à éclairage artificiel constant, repas servis à n'importe quelle heure... Plus récemment un spéléologue, Michel Siffre, a fait l'expérience de la vie isolée au fond d'un gouffre : personne ne résiste longtemps à une destructuration du temps.

Inversement, Kipling et Lawrence d'Arabie constataient qu'à partir du moment où il a sous la main un tambourin, ou une boîte de conserves qui en fait office, l'enfant hindou, l'enfant arabe ne s'ennuie jamais : il tambourine. De ses doigts il rythme le temps qui s'écoule, il en fait une durée vécue.

Si du biologique on passe au niveau du social, on constate que notre existence s'organise selon des périodicités extérieures : la veille et le sommeil, l'activité et le repos, les nuits et les jours, les saisons. Les civilisations agraires étaient fondées sur le rythme des saisons, comme en témoignent les *Travaux et les Jours* d'Hésiode, les porches des églises romanes, les enluminures du Moyen Age. Mais ce n'était encore là que l'articulation d'un monde humain sur les rythmes de la Terre.

C'est encore le cas de civilisations africaines qui, en raison du climat, vivent la nuit plus que le jour, et les nuits de pleine lune plus qu'en nouvelle lune.

La société, toute société, s'organise selon certaines périodicités. Elle plante des jalons, place des repères, date des épisodes : naissances, décès, mariages, anniversaires, fêtes, migrations saisonnières.

La dimension temporelle est difficile à percevoir, et pas tellement agréable, car elle nous rappelle à chaque moment que nous sommes des êtres mortels, des éphémères ; tout nous parle de notre mort en tant qu'individus. Une périodicité nous donne quelques bouées flottant sur « l'océan des âges ».

Mais pour s'en accommoder, il nous faut quadriller la dimension temporelle d'un réseau d'années — fût-ce d'années-lumière —, auquel il faut donner un point de référence initial, fondation de Rome, naissance du Christ, Hégire... Nous ne percevons la durée qu'en créant dans son cours continu une structure discontinue, discrète, et perçue comme telle : les ans, les jours, les heures, les minutes... La qualité du Vivre résulte pour chacun de nous avant tout de la façon dont ses rythmes personnels s'accommodent des rythmes, naturels ou sociaux, au milieu desquels il est appelé à vivre. Si l'on est « en phase », la vie est supportable, éventuellement agréable, pleine et pleinement vécue. Déphasé, on souffre ; à la limite, on meurt.

Nos rythmes propres, physiologiques, sont nombreux et exigent d'être respectés : rythme cardio-vasculaire enregistré par l'électrocardiogramme, rythmes cérébraux enregistrés par l'électro-encéphalogramme, rythme respiratoire, rythme nycthéméral (sommeil et veille...). Ils forment la trame continue et constante de l'existence humaine.

Et puis il y a les rythmes que nous sommes en état de produire.

Les Grecs de l'Antiquité — ainsi Aristoxène de Tarente, un disciple d'Aristote qui vivait à la fin du IVe siècle av. J.C. — avaient des notions très affinées concernant le rythme, les divers rythmes. Pour Aristoxène, un découpage quelconque, aléatoire, de la durée ne mérite pas encore d'être appelé rythme : il faut qu'il y ait entre les segments de durée un rapport de proportion, et que ce rapport de proportion soit conforme à la loi des Nombres, pour qu'on puisse parler de rythme. Le rythme est alors l'équivalent temporel de ce qu'est dans l'espace la symétrie — entendons, comme lui, par ce mot, la *symmetria*, un rapport de proportions dans l'espace, en architecture par exemple. Notre symétrie à nous, par rapport à un point ou à un axe, n'en est qu'un cas particulier et simplifié à l'extrême.

De la civilisation grecque antique il ne reste, à part quelques textes, que des vestiges, et qui sont surtout de l'ordre plastique : statues, temples... Des marbres. Des ossements blanchis, qui donnent du monde grec tel qu'il vivait alors une idée guère plus exacte qu'un squelette de dinosaure ne donne une idée exacte de l'animal vivant. La vie des Grecs, il nous est difficile de l'imaginer, car toute la partie « musicale » en a disparu. Nous ne savons même pas scander Pindare.

Or la civilisation grecque était beaucoup plus que nous ne l'imaginons fondée sur une culture musicale. A Epaminondas, ce général béotien qui fut un des plus grands orateurs et un des plus grands héros du monde grec, le seul reproche qu'on fît était de manquer de culture musicale.

La *mousikè* des Grecs, ce n'était pas seulement ce que nous entendons par musique : c'était l'ensemble du savoir concernant les rythmes appliqués indistinctement au langage, à la poésie, au chant, à la musique instrumentale, à la danse. Ce n'est que plus tard, après le déclin de cette Grèce-là, que par voie de différenciation se sont séparés de la souche commune, comme des drageons, des « arts » autonomes : le nombre verbal (poésie et rhétorique), la danse, la gymnastique, le chant, la musique instrumentale. Le terme *mousikè* n'était d'ailleurs par un substantif dénommant une chose, mais un adjectif qualifiant divers ordres d'activité se référant aux Muses, et notamment les divers aspects de l'action éducative.

La formation qui était donnée à l'adolescent athénien le rendait apte à percevoir et apprécier les rythmes sous quelque forme que ce soit : comme geste, comme parole, comme chant, comme proportion plastique. La perception des rythmes était l'*ethos* fondamental, le système de référence de la perception du monde, mais aussi la loi du comportement de l'individu qui doit s'inscrire correctement dans le Nombre du monde extérieur, social et physique, c'est-à-dire dans l'ordre des choses.

La fonction principale de la *mousikè*, peut-être sa fonction fondamentale, qu'elle soit musique ou poésie, est de nous mettre en phase avec les rythmes du monde, de favoriser la synchronisation existentielle.

Il faut distinguer trois niveaux d'analyse des rythmes : la *cadence*, périodicité régulière qui sert de trame ; le *tempo*, c'est-à-dire la rapidité plus ou moins grande du suivi de la cadence telle qu'on la mesure au métronome ; le *rythme* proprement dit, qui s'articule sur la trame de la cadence, créant par rapport à elle un effet d'attente/surprise, de tension/détente, de résolution. On connaît le mot de Pablo Casals : « le rythme, c'est le retard ».

Dans le domaine du verbal, le rythme est infiniment complexe. En poétique française par exemple, qui en principe ignore les longues et les brèves de la métrique latine, différentes sortes de rythmes se superposent : rythme du nombre des syllabes entre deux rimes ou de part et d'autre de la césure ; rythme des rimes, par exemple dans le cas du sonnet ; rythme, quoi qu'on en ait, des accents toniques...

Les disciples de l'abbé Rousselot au Laboratoire de Phonétique expérimentale du Collège de France distinguaient trois éléments constituants du rythme poétique : la durée, la hauteur, l'intensité, dont le regroupement forme un pied rythmique. Dans d'autres langues : rythme des accents d'intensité, alternance contrôlée des syllabes longues et brèves... Dans tous les cas, rythme des consonnes et des voyelles. A propos du « Cas Servien » Paul Valéry disait : « N'oublions pas que pour lui (Servien), la notion de rythme ne se réduit pas à la figure d'un mouvement réglé : elle s'étend à tous les constituants d'un poème ».

Dans tout message verbal on peut déceler un ordre syntactique ; mais dans quelle mesure peut-on le considérer aussi sous l'angle du rythme ? Selon Hölderlin, la séquence grammaticale correcte sujet-verbe-complément n'est guère utilisable par le poète. Mais dans la phrase lyrique hölderlinienne l'ordre des facteurs, différent de l'ordre grammatical, suppose ce dernier comme trame implicite et crée par rapport à lui (attendu par le lecteur) des effets de tension/détente.

N'y a-t-il pas un rythme dans la succession calculée des images évoquées par le poète ?

Et il y a en fin de compte superposition et confrontation entre elles de toutes les sortes possibles de rythmes à différents niveaux, brochant les uns sur les autres. C'est de ces combinaisons, de ces contrastes, de ces harmonies, du contraste et du contrepoint entre les différents niveaux rythmiques que joue la création poétique.

Une analyse méthodique de ces rythmes peut conduire à des constatations imprévues. En voici deux exemples.

Le poète allemand Hölderlin et son contemporain Goethe ont tous deux pratiqué l'hexamètre. Ils l'ont fait dans la même langue, l'allemand, à la même époque, la fin du XVIIIe siècle, et dans un même milieu culturel. Pourtant il n'est pas besoin d'être bien expert pour percevoir la différence : ce n'est pas le même hexamètre. A la lecture à voix haute, on ne s'y trompe pas une seconde, on ne peut pas confondre. Pourquoi, et à quoi tient la différence ?

Il suffit de lire à haute voix alternativement des hexamètres de l'un et de l'autre selon le tempo d'un métronome. Lu au tempo 60 (soixante battements à la minute), l'hexamètre de Goethe s'avance avec aisance et majesté ; il est plaisant. A ce même tempo, l'hexamètre de Hölderlin est lassant, soporifique ; on s'ennuie, on s'impatiente. Au tempo plus rapide de 85 à la minute, l'hexamètre de Goethe devient intolérable, comme si on roulait, pneus crevés, sur des noyaux de pêche. Au contraire l'hexamètre de Hölderlin s'anime, bondit, se met à vivre.

Quand on connaît la vie et les habitudes des deux poètes, on comprend : Goethe marchait à pas comptés dans les allées de son jardin ou, dans son bureau, autour de la table. Sans doute d'ailleurs n'était-ce pas ce rythme de marche lente qui lui battait la mesure, mais plutôt le rythme de son pouls. Hölderlin au contraire était un grand marcheur qui abattait cinquante kilomètres dans la journée ; il parcourait à grandes enjambées les collines de Souabe, le forêt du Taunus ; il avait un pas allongé, souple et rapide. Et nous savons que — comme aussi Nietzsche — il composait en général ses poèmes non pas assis devant une table, mais en arpentant la campagne, et sans doute à voix haute.

Voilà pourquoi le tempo de base du poème goethéen est de 60 à 70, qui correspond au rythme cardio-vasculaire d'un sédentaire, tandis que celui du poème hölderlinien est de 80 à 90, le pas d'un bon marcheur. Pour bien « exécuter » leurs poèmes, comme disait Paul Valéry, assimilant en cela le poème à un morceau de musique, il faut en chaque cas se conformer à un tempo de base spécifique.

Il est vraisemblable que, de trois rythmes physiologiques fondamentaux — la respiration, les battements du cœur, la marche — il en est un, pour chaque tempérament poétique, qui domine, qui règle la cadence fondamentale. La restitution du message poétique exige qu'on en tienne compte. Saint John Perse ferait partie de l'espèce, assez rare, des poètes « respiratoires », les poètes du souffle.

Second exemple de ce que révèle l'analyse rythmique : pour la métrique classique, le distique élégiaque fait alterner un hexamètre et un pentamètre. Outre que l'alternance rythmique de six et de cinq est un non-sens rythmique, on ne voit pas pourquoi la dissymétrie entre un vers de six pieds et un vers de cinq pieds serait particulièrement propre à exprimer des sentiments mélancoliques et tendres.

En fait, les deux vers du distique élégiaque sont des hexamètres, mais le second est syncopé, et syncopé par deux fois : avant la césure au troisième pied, et avant la fin du vers. Le troisième et le sixième pied sont composés, non comme les pieds de la métrique classique, de deux ou de trois syllabes, mais d'une seule — et d'un silence. Ce silence correspond à un soupir, à un sanglot, à une voix étouffée par le chagrin ou l'attendrissement. A la scansion correcte, on est obligé de constater que le second vers du distique élégiaque est lui aussi un hexamètre, mais deux fois syncopé ; il n'a rien de pentamétrique.

Ceci confirme le rôle que joue le silence dans le discours analogique qui est celui du poète ; dans tous les discours de type analogique d'ailleurs. C'est un poète, Pierre Reverdy, qui disait : « Il faut que la musique contienne le silence ». Il entendait le mot « musique » au sens grec du terme.

... ET D'UNE IMAGE

Le second composant de l'alliage poétique, c'est *l'image.* A première vue, rien de plus simple : tout le monde sait ce que c'est qu'une image poétique, ou pense le savoir. Or l'imaginaire est un immense domaine aux frontières imprécises, une selve obscure où on s'aventure avec effroi. Qu'est-ce qu'une image (mentale), et qui peut prétendre le savoir ? Certainement pas les spécialistes de l'Imaginaire.

Le cadre de référence de l'image n'est plus, comme pour le rythme, la durée, mais l'espace. Comme le rythme est une durée structurée, une image est un espace structuré.

Au sens propre, le terme désigne la reproduction d'une perception optique provenant du monde extérieur.

Cette reproduction peut être matérielle : un artefact figuratif, dessin, peinture, sculpture ; ce qu'on appelle une icône.

Mais le terme peut être pris, si j'ose dire, au sens imagé, figuré, et c'est même, dans le sujet qui nous occupe ici, le cas le plus fréquent.

Au sens psychologique du terme, l'image rend présent à l'esprit un aspect donné du monde extérieur ; elle le re-présente, s'il s'agit d'un souvenir, sinon elle le crée, l'invente, le projette.

Enfin dans les emplois du langage, le terme « image » peut avoir plusieurs sens. On peut notamment entendre par là une comparaison, une métaphore (méta-phore indique qu'il s'agit d'un transfert, d'une transposition) souvent introduite par « comme » : « Comme dans une lampe une flamme fidèle... ». En ce sens-là, l'image cherche à faire percevoir une homomorphie, à évoquer une image 1 par le biais d'une image 2 qui a des structures analogues. L'image est la base même, le matériau de la pensée de type analogique et du langage expressif dont elle se sert. La pensée eidétique est ici fondamentale.

Souvenons-nous que le vocable français *idée* provient du grec *eidos*, de la racine indo-européenne *vid-*, qui a donné le latin *videre*, le français *voir*, et récemment la *vidéo*. Quand aujourd'hui nous parlons d'une idée, nous entendons par là une abstraction : il n'en a pas toujours été ainsi. Ce n'est qu'à partir d'Aristote que l'idée correspond à une conception abstraite. Chez Platon encore, l'Idée est une vision, un *horama*, ou, comme disait Goethe qui affectionnait ce terme : « *ein Aperçu* ».

Il est légitime de se poser la question : ceux qui font profession de penser pensent-ils abstraitement, ou pensent-ils en images ?

Descartes était ce qu'on peut appeler un voyant, et même un visionnaire. On connaît par la relation qu'en fit son ami Baillet les visions de Descartes, notamment celle de la nuit du 10 au 11 novembre 1619 où il fut visité par des songes : il voyait sur sa table, un livre, un recueil de poésies de différents auteurs intitulé *Corpus Poetarum*. Samuel S. de Sacy écrit : « L'illumination était à ses yeux d'une importance capitale. Seulement, hormis le fait de l'illumination, nous en ignorons tout », car la relation qu'il en fit a été perdue.

En date du 28 Juin 1643, Descartes écrivait à Elisabeth de Bohême, princesse palatine : « Je puis dire, avec vérité, que la principale règle que j'ai toujours observée en mes études, et celle que je crois m'avoir le plus servi pour acquérir quelque connaissance, a été que je n'ai jamais employé que fort peu d'heures, par jour, aux pensées qui occupent l'entendement seul, et que j'ai donné tout le reste de mon temps au relâche des sens et au repos de l'esprit ».

Le mathématicien français Jacques Hadamard, réfugié aux Etats-Unis pendant la guerre, y écrivait un essai sur la psychologie de l'invention dans le domaine mathématique. Après avoir constaté « qu'Aristote admettait que nous ne pouvons penser sans images », Jacques Hadamard faisait une énumération des images mentales qui chez lui accompagnent et soutiennent par exemple l'idée qu'il existe un nombre premier supérieur à 11 : « Je vois une masse confuse... N étant un nombre assez grand, j'imagine un point assez éloigné de cette masse confuse... Je vois un second point un peu au-delà du premier... Je vois un endroit quelque part entre la masse confuse et le premier point ». Or, dit Jacques Hadamard, « j'appartiens nettement au type auditif ; et c'est précisément pourquoi mes images mentales sont exclusivement visuelles. La raison en est très claire pour moi : des images visuelles de ce genre sont naturellement plus vagues, et (...) cela est nécessaire pour me conduire sans me faire faire fausse route ».

Frappé par cette expérience même, il a interrogé un certain nombre de mathématiciens. Voici ce qu'Albert Einstein lui a répondu : « les mots et le langage, écrits ou parlés, ne semblent pas jouer le moindre rôle dans le mécanisme de ma pensée. Les entités psychiques qui servent d'éléments à ma pensée sont certains signes et des images plus ou moins claires, qui peuvent à volonté être reproduits ou combinés. Les éléments que je viens de mentionner sont, dans mon cas, de type visuel et parfois moteur ». Jacques Hadamard rapporte ailleurs qu'en ce qui concerne la pensée usuelle, Einstein précise que ses images sont « visuelles *ou motrices* ».

Je souligne *ou motrices*, car il faudra se souvenir que ce que nous appelons « une image » peut n'être pas du type visuel, mais du type moteur : la représentation d'un geste fait, ou d'un geste à faire.

Pour Marcel Jousse (*L'anthropologie du geste*, Paris 1974), la parole est un geste ; toute conscience est gestuelle, l'homme est un animal mimeur, le plus mimeur de tous les animaux. Aristote disait déjà la même chose. Selon Jousse, le langage est une gesticulation mimologique, qui développe en l'homme l'intelligence, car « l'homme ne connaît que ce qu'il rejoue ». On lit dans Umberto Eco : « Comprendre est le reflet de créer ».

Tentant de reconstituer une paléontologie du langage, André Leroi-Gourhan (*Le Geste et la Parole, Technique et Langage*, Paris 1964) recherche les liens archaïques qui relient la parole à l'art figuratif et au graphisme : « Lorsque la figuration graphique apparaît (il y a quelque trente mille ans), la main a son langage dont l'expression se rapporte à la vision, la face possède le sien qui est lié à l'audition, entre les deux règne ce halo qui confère un caractère propre à la pensée antérieure à l'écriture proprement dite : « le geste interprète la parole, celle-ci commente le graphisme ».

Mais « l'image », la représentation, est bien plus ancienne encore. Leroi-Gourhan signale que si les plus anciens Anthropiens fabriquaient déjà il y a un demi-million d'années, ou même davantage, des outils rudimentaires, les choppers ou galets éclatés de la pebble-culture, les tranchants en étaient fabriqués par un geste unique, celui de la percussion la plus simple. L'Anthropien « entrevoyait » déjà l'outil terminé, puisqu'il choisissait parmi les galets celui qui se prêterait à l'opération qui lui donnerait un tranchant. Avec l'archanthrope, auteur principal des industries lithiques du Paléolithique inférieur, de l'Acheuléen en particulier, les choses se passent de façon plus compliquée : il combine deux séries de gestes, l'un qui dégrossit l'outil, l'autre qui l'aménage pour lui donner la forme voulue, un hachereau par exemple. Cela suppose que dans l'esprit du fabricant préexiste une forme, et qu'il tend à la réaliser. La technique levalloisienne consiste à détacher d'un bloc de pierre, le nucleus, des éclats de forme prédéterminée qui seront, eux, les outils. « L'extraction de la pointe exige au minimum six séries d'opérations rigoureusement enchaînées, conditionnées les uns par les autres et supposant une rigoureuse *prévision* ». C'est moi qui souligne le terme de *pré-vision* : vision préalable, objet en projet, geste en projet.

L'homme, animal mimeur, disait Marcel Jousse : en 1970 Jacques Monod décrivait le processus, chez lui, de la découverte scientifique. « Tous les hommes de science ont dû, je pense, prendre conscience de ce que leur réflexion, au niveau profond, n'est pas verbale : c'est une *expérience imaginaire,* simulée à l'aide de formes, de forces, d'interactions qui ne composent qu'à peine une image au sens visuel du terme. Je me suis moi-même surpris, n'ayant à force d'attention centrée sur l'expérience imaginaire plus rien d'autre dans le champ de la conscience, à m'identifier à une molécule de protéine ». La fonction de simulation lui paraît caractériser les propriétés uniques du cerveau de l'homme, encore que la simulation ne soit pas exclusivement humaine : « chez l'animal, comme aussi chez le jeune enfant, (l'exercice de la fonction simulative) se traduit par le jeu ».

Roger Caillois avait, dans sa jeunesse, été fasciné par le phénomène biologique du mimétisme : harmonisation de l'animal avec la couleur de son milieu (homochromie) ; imitation par un animal inoffensif d'un animal redoutable ; taches oculiformes sur les ailes de certains papillons qui les protègent de leurs prédateurs ; insecte imitant à s'y méprendre les brindilles des buissons où il vit... Tout le monde connaît le cas du caméléon ; on connaît moins le cas du turbot qui prend la couleur du fond de l'aquarium où on l'a placé. Et même il paraît que si ce fond est un damier noir et blanc, le turbot se couvre de taches alternées claires et foncées. Que cette adaptation passe par la vision rétinienne et par une image au niveau du système nerveux ne fait aucun doute, puisque les poissons rendus aveugles ne s'adaptent plus à la couleur de leur milieu, que la rainette aveuglée reste verte sur les surfaces brunes. L'imitation de ce que l'animal perçoit visuellement ne débute donc pas, loin de là, avec l'émergence de l'être humain.

Un psychologue qui se souvient d'avoir été biologiste, Jean Piaget, quand il fait l'examen critique des thèses de Jacques Monod (*Hasard et dialectique en épistémologie biologique,* 1971), porte le problème de « l'image » encore plus bas dans l'échelle des êtres, au niveau moléculaire, pour y chercher une explication de l'hérédité et de l'évolution. La perception d'une « image », en tout cas une « reconnaissance stéréospécifique » (rappelons que « l'image » est une structure spatiale), Jean Piaget pense l'identifier et la reconnaître au niveau de la cellule, peut-être même déjà au niveau de la protéine, de la réplication moléculaire. On serait tenté de prolonger la remontée aux sources de Jean Piaget pour constater dès le niveau du cristal un mode de reconnaissance stéréospécifique.

Pour Piaget l'image, structure spatiale, joue un rôle à tous les niveaux de la biologie, de la protéine au penseur patenté. « La construction de l'espace est solidaire non seulement de tout le développement mental à chacun de ses paliers, mais encore sans doute de toute l'évolution biologique jusque et y compris aux processus élémentaires de la morphogénèse vitale ». Il constate que tout instinct animal, celui de l'araignée tissant sa toile, de l'abeille construisant un gâteau de miel, suppose une géométrie instinctive, c'est-à-dire une figuration de l'espace très précise et très raffinée. (Selon le sociologue néerlandais Fred L. Polak, l'image du futur que se fait un individu ou un groupe humain est l'indice le plus sûr de son dynamisme. (Fred L. Polak, *The Image of the Future,* Leyden/New York 1961).

Gaston Berger : penser l'avenir, c'est déjà agir sur l'avenir.

Si nous disposons d'un moyen quelconque d'orienter le devenir de notre espèce, l'espèce humaine, c'est sans doute uniquement à travers la vision que nous nous formons et nous formerons encore de son avenir.

L'image, surtout associée au rythme, mais déjà par elle-même, est puissante. Il y a un dynamisme propre de l'image.

Or le langage analogique, qu'il soit poème, invective, message publicitaire, discours politique, prédication, est vecteur d'images. Le message digital, non.

De l'expression poétique Paul Eluard disait qu'elle « donne à voir » et crée « l'évidence poétique ».

Jean Cocteau, plus explicite, disait : « L'espace d'un éclair, nous voyons un chien, un fiacre, une maison *pour la première fois.* Tout ce qu'ils présentent de spécial, de fou, de ridicule, de beau nous accable. Immédiatement après, l'habitude frotte cette image puissante avec sa gomme. Nous caressons le chien, nous arrêtons le fiacre, nous habitons la maison. Nous ne les voyons plus. Voilà le rôle de la poésie. Elle dévoile, dans toute la force du terme. Elle montre nues, sous une lumière qui secoue la torpeur, les choses surprenantes qui nous environnent et que nos sens enregistraient machinalement... Ce sur quoi notre cœur, notre œil glisse chaque jour, il s'agit pour le poète de nous le montrer sous un angle et avec une vitesse tels qu'il nous paraît le voir et nous en émouvoir pour la première fois ».

Dans ses *Cogitations privatae,* Descartes, qui comme Platon avouait avoir été « amoureux de la poésie », écrivit : « On pourrait s'étonner que les pensées profondes se trouvent dans les écrits des poètes plutôt que des philosophes. La raison en est que les poètes écrivent par les moyens de l'enthousiasme et de l'imagination : il y a en nous des semences de science, comme dans le silex, que les philosophes tirent au jour par les moyens de la raison, tandis que les poètes, par les moyens de l'imagination, les font jaillir et davantage étinceler ». Descartes décrit là le processus de la provocation poétique : elle n'est pas communication d'information, elle est le choc du fer contre le silex, d'où jaillit l'étincelle.

Peut-on mieux suggérer que, à la différence du message digital, le message analogique est aussi et surtout vecteur d'énergie ?

Le message analogique est un moyen d'action à distance, là où ne portent ni les coups ni les caresses.

On rassemblerait cent témoignages assimilant la parole poétique à une arme de jet. En voici quelques-uns.

En 1915, Jean Paulhan écrivait : « Une parole est plus forte et vient de plus loin, sans qu'on l'ait vue, qu'une pierre ou bien un coup ».

Gaston Bachelard (*Poétique de l'Espace*) parle opportunément des « images de jets » de la poésie.

A propos de Léon-Paul Fargue, Saint John Perse écrit : « L'image, l'ellipse et l'intersigne, les suggestions allégoriques et toutes références analogiques sont des armes de jet ; le goût, toujours sa plus parfaite armure ». On le voit, Saint John Perse parle déjà de « références analogiques ».

Pour la Grèce antique, Apollon, dieu des poètes, avait pour attributs l'arc et la lyre, ces deux bois courbés, tendus sur eux-mêmes, dont parle Héraclite, qui projettent au loin l'énergie de la flèche acérée et celle de la parole proférée ou chantée.

POINTS ACQUIS ;
EXPERIMENTATION POSSIBLE

Nous admettons comme acquis les points suivants :

1/ Il y a une différence de nature entre le message de type analogique et le message de type digital.

2/ Cette différence n'est pas décelable par les analyses linguistiques traditionnelles portant sur l'objet linguistique, le message ; l'analyse structurelle notamment n'a jusqu'à présent rien apporté de décisif.

3/ Par contre, si l'on fait porter l'analyse sur le processus de communication dans son entier, c'est-à-dire sur ses trois termes (émetteur-message-récepteur), on constate que ce processus est différent selon qu'il s'agit d'un message digital, qui transmet de l'information, ou d'un message analogique, qui provoque chez celui qui le reçoit un certain effet.

4/ Cet effet, qui représente la finalité du message analogique à la façon dont la blessure représente la finalité du coup porté avec une arme, dépend dans une large mesure des dispositions de celui qui est atteint par le message.

5/ L'effet en question ne se produit pas au niveau abstrait, intellectuel, cérébral au sens le plus étroit du terme, mais à un niveau neurophysiologique plus profond, celui de l'émotion : rythmes physiologiques, sécrétions...

6/ Le message analogique capable de produire un tel effet comporte, outre un quantum — éventuellement réduit — d'information, deux autres éléments constamment alliés : un rythme, une image.

Le bien-fondé de ces affirmations peut être contesté, on peut leur opposer des affirmations contraires, qu'importe.

Leur avantage est qu'elles sont vérifiables. Elles peuvent être confirmées ou infirmées par l'expérimentation, et elles le seront un jour.

Comme on avait voici une cinquantaine d'années fondé sous l'égide du Collège de France un Laboratoire de Phonétique expérimentale, on devrait fonder un laboratoire de Poétique expérimentale, instituer une recherche pluri-disciplinaire associant des neurophysiologistes, des psychologues, des linguistes, des poéticiens, mais aussi des spécialistes du discours publicitaire, du discours politique...

L'équipe, dotée de l'équipement adéquat, rechercherait dans quelles circonstances, à quelles conditions le récepteur-consommateur d'effet poétique réagit positivement ou négativement. On ferait varier les différents paramètres — quantum d'information contenu dans le message, élément rythme, élément eidétique... — comme on le fait pour tester l'efficacité des produits pharmaceutiques selon les doses. Comme dans ce dernier cas on tiendrait compte des idiosyncrasies des récepteurs dues à des différences de tempérament, de conditionnement culturel, de situation.

L'appareillage propre à ce genre d'expérimentation existe déjà depuis plus de trente ans aux Etats-Unis. En France, il a été non seulement délibérément ignoré, mais proscrit en raison de son utilisation originelle, de sa destination première et de l'idée fausse qu'on s'en faisait. Il s'agit en effet du *lie-detector* ou détecteur de mensonge mis au point et employé régulièrement dans les laboratoires de la police américaine, notamment celui de l'Etat d'Indiana.

Le principe en est le suivant : le sujet testé sur sa sincérité, confortablement assis devant l'enquêteur, est prié de répondre aussi simplement, aussi naturellement, aussi spontanément que possible. N'est-il d'ailleurs pas présumé innocent, donc n'avoir aucune raison de se dérober à l'interrogatoire ni de truquer ses réponses ? Il s'est vu préalablement mettre au poignet une sangle qui mesure ses pulsations, autour de la poitrine une ceinture qui mesure son rythme respiratoire, et aux doigts des électrodes qui mesurent éventuellement une trace de transpiration émotive.

Toutes ces mesures sont enregistrées, comparées entre elles et rapportées aux questions posées, aux réponses fournies. Aucune contrainte, aucune violence, aucune menace. Les questions sont d'ailleurs posées d'une voix neutre pour laisser tout son impact à leur contenu informatif.

Bien entendu, on ne demande pas au sujet tout de go : « Est-ce vous qui avez posé la bombe à Orly ? » Le processus est bien plus raffiné et tient compte de multiples données psychologiques. Il y a tout un art du questionnaire pour tester la réaction zéro, pour endormir la vigilance du sujet, pour le mettre en porte-à-faux au moment où il ne s'y attend pas, le désarçonner et libérer ses réflexes. Le temps de réponse est aussi un facteur d'appréciation du degré de sincérité. Il y a également un art complexe d'interprétation des résultats. Un sujet peut, à une question donnée, manifester de l'émoi pour une raison totalement étrangère à l'affaire qui fait l'objet de l'interrogatoire : la question peut avoir simplement réveillé en lui un vieux souvenir, un deuil, un accident, l'émotion peut se rapporter à un tout autre fait de son existence passée ou présente...

Enfin jamais les résultats obtenus, qui ne sont que des interprétations, ne sont retenus ni même produits en justice à charge ou à décharge de l'inculpé. Ils peuvent simplement servir à orienter les enquêteurs, les aider à trouver des preuves ; tout comme devant nos tribunaux le simple aveu de l'inculpé n'est pas considéré comme une preuve suffisante.

Je puis témoigner de la grande efficacité du système tel que je l'ai connu alors, c'est-à-dire à un stade encore très primitif. Depuis, des améliorations considérables y ont été apportées. L'électro-cardiogramme, l'électro-encéphalogramme, bien d'autres fournisseurs d'indices neurophysiologiques ont complété la batterie de tests.

Ce « détecteur de mensonge » n'est en fait qu'un détecteur d'émotion, qui pourrait être utilisé pour détecter et étudier scientifiquement l'émotion poétique.

On imagine des batteries de tests comportant — comme pour le *lie-detector* — le degré zéro de l'émotion, à la lecture de la table de multiplication, puis l'observation du trouble éprouvé par le sujet

— à la simple lecture muette d'un texte poétique,
— à la lecture à mi-voix,
— à la lecture à voix haute,
— à l'audition,
— à la récitation scandée,
— à la récitation chantée...

On ferait varier les composants rythmiques et eidétiques, les proportions de langage analogique et de langage digital, et ainsi de suite.

On verrait quels textes agissent, dans quelles conditions ils agissent. On pourrait alors faire des hypothèses sur les raisons pour lesquelles ils agissent...

On décèlerait les aptitudes et potentialités diverses des sujets selon leur tempérament, leur âge, leur sexe, selon le niveau et la forme de leur culture...

Avec ceux qui ne sont pas sensibles à la poésie, on pratiquerait des tests à base d'injures, d'insultes, à quoi personne n'est assez civilisé pour être rigoureusement insensible.

Il n'est pas exclu que des agences de publicité souhaitent participer à ces recherches, encore qu'elles les pratiquent à leur façon depuis longtemps, qu'elles ont leurs idées sur la question et n'ont peut-être pas tellement envie que ce genre de recherches tombe dans le domaine public de la recherche universitaire.

Des expériences de ce genre faites par J. Kneutgen (mentionnées par Irenäus Eibl-Eibesfeldt en 1967) ont déjà permis de constater que, à travers le monde, la berceuse a exactement les mêmes caractéristiques et produit les mêmes effets. On fait faire au sujet de l'expérience une série de flexions sur les genoux jusqu'à accélérer notablement ses rythmes respiratoires et vasculaires. Le retour aux rythmes normaux s'effectue :

— normalement, sans intervention, en 6 minutes ;
— à l'audition d'une berceuse, en 3 minutes ;
— à l'audition de jazz hot, en 8 à 9 minutes.

Il est vraisemblable que l'on constaterait qu'un message en langage digital pur ne provoque aucune émotion, que seul le langage analogique, celui qui pratique l'association synergétique de rythme et d'image, fait bouger les aiguilles sur les cadrans de mesure.

A l'intersection de disciplines existantes se créerait une discipline nouvelle.

L'APERGASIE,
LE GESTE STRUCTURANT LE TEMPS

Mais je pense aussi qu'on arriverait à cerner et identifier un phénomène qui a jusqu'à présent passé assez inaperçu et que je désigne du terme d'*apergasie.*

J'emprunte ce terme à Aristote, en lui donnant un sens légèrement différent. Pour Aristote, l'œuvre d'art nous plaît *dia tèn apergasian,* à raison de son exécution. Il oppose ici l'exécution de l'œuvre d'art à l'*hypographia,* l'esquisse du peintre qui entreprend un tableau. Apergasia désigne donc chez Aristote l'achèvement de l'œuvre, le travail accompli qui nous procure le plaisir.

Quant à moi, je désigne de ce terme l'image qui se produit en nous à la suite de sensations élaborées en une perception cohérente. Et il me semble que ce n'est pas la sensation directe, non-élaborée, mais la lecture qui se fait en nous de cette réplique intérieure, qui procure l'émotion.

On recueille constamment les témoignages de survivants de catastrophes, tremblements de terre, bombardements... Il semble bien que pendant les premières secondes ils ne ressentent pas d'émotion. Celle-ci ne surgit que quand, comme ils disent, ils ont « réalisé » que c'était un tremblement de terre,un bombardement... quand ils se sont « rendu compte », c'est-à-dire quand ils ont lu en eux-même l'image qui s'y était formée.

De façon plus constante, mais plus difficile à déceler parce qu'il ne se produit que rarement un décalage temporel dissociant les deux faits psychiques, mais on y parvient par exemple dans des cas d'extrême fatigue qui ralentissent les réflexes, ce n'est pas la phrase qu'on nous dit : « ton père est mort », qui produit l'émotion, mais la relecture que nous faisons en nous-mêmes du message enregistré « quelque part ».

Un autre exemple encore : on parle de musiques « entraînantes », telles les marches militaires, le Radetzky-March... Est-ce la musique elle-même qui « nous entraîne », n'est-ce pas plutôt l'image rythmique, gestuelle qui se produit en nous et dont nous marquons la perception du bout du pied ou du talon ?

Nous avons appris à contenir ces gestes considérés comme vulgaires, à les intérioriser : ils n'en existent pas moins tout au fond ; sinon cette musique ne nous ébranlerait pas davantage qu'une musique exotique, à l'occasion de laquelle ne se produit en nous aucune image apergasique, parce que nous ignorons tout de l'instrument joué et du geste de celui qui en joue.

A la grande époque de la culture occidentale, dans l'Athènes classique, on n'avait pas de ces pudeurs : les écoliers récitaient les vers en les scandant, en marquant la mesure avec le pied. C'est même pour cela que l'unité rythmique en poésie s'appelle « un pied ». La poésie, à l'époque, était non seulement dite, mais simultanément chantée, et même dansée. Au théâtre, le chœur de Sophocle ne restait pas immobile dans un coin de la scène, il allait et venait de droite, de gauche, au rythme des vers. Strophe et anti-strophe étaient des mouvements de scène, comme le ballet de l'Opéra.

Reconstituant le lignage paléontologique qui à travers l'Archanthrope et le Paléanthrope aboutit à l'*homo sapiens*, Leroi-Gourhan associe, dans le titre même de son ouvrage « le geste et la parole », la gesticulation et la phonation. Il constate une forte coordination cérébrale entre la main, qui a vocation d'organe de fabrication, et la face qui est l'instrument de la phonation organisée en langage.

Quand on aura vraiment compris, admis et considéré comme base d'une recherche méthodique expérimentale le fait que la parole — du moins la parole analogique — est un geste, que le geste, lequel s'inscrit dans l'espace, est aussi une structuration du temps (regardez un chef d'orchestre, vous serez convaincu), on sera un peu plus avancé que nous ne le sommes. On pourra aller de l'avant.

LES SCHEMAS CORPORELS

J'ai mentionné l'*Antropologie du Geste* du P. Marcel Jousse. En même temps que lui, entre les deux guerres, un poète, André Spire, fréquentait le Laboratoire de Phonétique expérimentale de l'abbé Rousselot, dont il se disait le disciple. L'admirable ouvrage d'André Spire, publié après la guerre aux Etats-Unis (1949, chez Vanni), a passé à peu près inaperçu. Les générations suivantes y trouveront une mine d'or. Il cite en exergue une phrase de Rémy de Gourmont : « Le véritable problème du style est une question de physiologie ». Il rappelle qu'en 1891, un bibliothécaire à la Sorbonne, « l'extraordinaire Charles Henry, artiste aussi bien que savant », disait au journaliste Jules Huret : « Une technique littéraire un peu précise supposerait l'accomplissement d'une psycho-physiologie raffinée dont nous sommes loin ».

Pour André Spire, le langage est d'abord mimique. « A ce langage, l'humanité a préféré un langage sonore produit de la collaboration de sens, d'organes, qui lui permettent de converser dans les ténèbres ». « Le geste a perdu de son importance : il ne demeure pas le tout du langage, mais le geste ne meurt pas. Il subsiste, accompagnement interne du langage sonore, et toujours prêt à se manifester. Il communique d'ailleurs sa valeur foncière au langage sonore, qui n'est qu'un prolongement du langage de gestes..., transposition laryngo-buccale de la mimique corporelle ».

« Dans la période de style oral, le poète ne compose pas en écrivant : il improvise... en éprouvant ses rythmes, les tâtant en quelque sorte dans sa bouche, dans son gosier. C'est ainsi que composaient les prophètes hébreux, les rythmeurs ioniens, les aèdes, rhapsodes, bardes, jongleurs, troubadours, les gondoliers vénitiens, c'est ainsi que composent encore les poètes des peuples primitifs, où la majorité de la population est illettrée ».

Il retrouve ce geste rythmique dans le balancement biphasé, plus ou moins apparent, esquissé, ébauché, chez tous les récitateurs ou improvisateurs de style oral, chez les *guslars*, récitateurs nomades et illettrés des Yougoslaves, dont la mémoire musculaire retient 30.000, 70.000 et jusqu'à 100.000 vers ou versets. Il le retrouve chez les pleureuses siciliennes ou sardes, dont les *voceros* sont l'expression d'une douleur stéréotypée et rythmée. Il le retrouve dans les écoles syriennes dont les enfants récitent les versets du Coran en se balançant violemment d'avant en arrière, de même que les enfants juifs des *heders*, écoles hébraïques de Pologne, apprenant ou récitant Bible ou Talmud. De même se balancent les récitateurs arabes qui, sur les places ou aux portes des villes, psalmodient les épopées de leur histoire. « Aujourd'hui encore, les ministres officiants juifs, les hazans, se balancent au cours de leurs lectures sacrées dans les temples. Tous ces rythmes, balancement du corps, balancement articulatoire des propositions phonétiquement équilibrées, grâce auxquels ces pieux sectaires nos contemporains peuvent réciter sans une faute les textes confiés depuis des millénaires à la mémoire musculaire de leurs ancêtres, ne sont que la face corporelle des puissants rythmes de pensée sur lesquels est édifié le parallélisme palestinien. Rythme de pensée qui bien entendu comme tout rythme est répétition, mais où la répétition combinée avec des éléments frais est une sorte de cheminement, qui permet de passer du traditionnel à l'actuel ».

Donnons comme exemple le célèbre passage de l'Ecclésiaste : « Il y a un temps pour tout ; il y a sous le ciel un moment pour chaque chose. Il y a un temps pour naître et il y a un temps pour mourir. Il y a un temps pour planter, et un temps pour arracher ce qui a été planté... ».
On ne se le représente pas autrement que récité à haute voix, avec un balancement rythmique de tout le corps.

Partant d'une autre documentation et d'une analyse différente, dès 1899 un allemand, professeur d'économie politique à Leipzig, Karl Bücher, dans son ouvrage *Arbeit und Rythmus*, Travail et Rythme (2e édition Leipzig 1899) montrait le « chant de travail » comme une des sources — la source principale, pensait-il — des chansons populaires. Pour quelque raison, l'ethnographe français Marcel Mauss (*Manuel d'ethnographie*, Paris 1947), très sévère pour Karl Bücher, posait en principe que le chant de travail n'est qu'une forme parmi d'autres, une forme particulière de chant. Je dois dire que j'ai quant à moi pu constater dans des civilisations archaïques, mais dont certaines survivaient encore du temps de ma jeunesse, une association très constante du travail et du chant.

Karl Bücher a réuni un corpus impressionnant de ces chants de travail pratiqués en Afrique, en Extrême-Orient, en Géorgie, en Esthonie et en Lithuanie, dans les campagnes allemandes même. Ils accompagnent toutes les phases du travail manuel : tourner la meule à moudre le grain, filer, tisser, porter des charges, travailler la terre, récolter les moissons... Il est évident que pour tout travail collectif qui suppose une harmonisation des gestes de la communauté, un rythme est indispensable, que ce rythme s'accompagne d'un chant, c'est-à-dire d'un air et de paroles. Il suffira d'évoquer le chant des bateliers de la Volga.

Sur les bords du Niger, je regardais un tisserand tisser une bande de tissu et inscrire sur le fond blanc des motifs en bleu indigo. Je remarquai que tout en tissant il chantonnait. On me dit que les épisodes de ce chant dictaient l'inscription dans la toile des motifs bleus, qui en étaient comme la notation ; et que ce chant concernait la création du monde.

Ainsi étaient associés en un même geste, celui du lanceur de navette, une mélopée, des paroles et un mythe.

Nous avons connu un temps où en France le peintre en bâtiments sifflotait tout au long de la journée au rythme de son pinceau. Il est possible qu'avec l'invention du rouleau à peinture et du transistor cette tradition se soit perdue.

Un spécialiste d'ethnomusicologie, Glibert Rouget (*Le Monde*, 20 mai 1971) constate que « comme on l'a dit des sons du langage, on n'identifie à coup sûr que ce qu'on sait articuler ». Il précise ensuite sa pensée : « C'est en termes de *technique corporelle* que devrait se décrire d'abord toute musique : quoi qu'on en ait, la différence entre un nô japonais et un opéra de Verdi tient essentiellement à ce que les conduites vocales, et par conséquent les *schémas corporels mis en œuvre* par l'un et par l'autre, n'ont presque rien de commun ». Il conclut : « Jouer, chanter, écouter, c'est être aussi bien sous la dépendance de la technologie (acoustique de l'instrument) que sous celle de la religion (nature de l'ascèse), c'est-à-dire être conditionné aussi bien par la neurophysiologie (fonctionnement des muscles vocaux) que par la forme d'organisation sociale (appartenance à une caste de musiciens, par exemple) ».

Gilbert Rouget fait allusion à un problème posé par les linguistes, notamment par ceux qui se préoccupent de l'apprentissage des langues étrangères : certains pensent en effet qu'on ne reconnaît vraiment, dans une langue étrangère, que les sons (les phonèmes) qu'on est soi-même à peu près capable de reproduire.

L'inverse est également vrai, c'est-à-dire que le sujet apprenant n'est capable d'articuler que ce qu'il est en état de percevoir acoustiquement. Audition et phonation sont très étroitement liées, interagissent constamment ; les troubles de l'une entraînent des troubles de l'autre. Tel chanteur se met à chanter faux : on s'aperçoit que ce n'est pas son appareil phonatoire qui est en cause, mais son audition qui est perturbée.

Il résulte de tout cela que le texte analogique — dont nous prenons pour exemple le type de poème — doit, pour faire son effet, être « consommé » à haute voix. Le lire des yeux ? Autant vouloir faire passer un mal de tête en lisant le mode d'emploi d'un tube d'aspirine. Le texte analogique doit venir du profond de l'être : être répété à voix haute, chanté, respiré, marché, dansé. Les poètes le savent bien. « C'est l'exécution du poème qui est le poème », dit Paul Valéry. Et Goethe : « Ne lis pas le poème, chante-le, et il sera à toi ». Mallarmé : « Quiconque ouvre un livre *pour chanter en soi*, le vrai lecteur de vers... » (c'est Mallarmé qui souligne).

Alfred de Vigny, dans son Journal : « Il faut chanter les vers... Le tort de l'imprimerie envers la poésie a été de transporter son émotion de l'oreille aux yeux : elle l'a perdue... La Poésie perd la moitié d'elle-même en s'imprimant ».

Dès le XIVe siècle, le poète et homme de guerre Eustache Deschamps, qui avait parcouru l'Europe, l'Asie et une partie de l'Afrique, qui avait été esclave chez les Sarrasins, définissait la poésie comme « l'art de dictier ». Il distinguait la musique artificielle (instrumentale) et la musique naturelle, « la musique de bouche en proférant paroles métrifiées ».

En 1572, Ronsard présente au lecteur les quatre premiers livres de la Franciade. Il lui donne des conseils sur la façon de lire, bien entendu à haute voix, ses vers : « Je te suppliray seulement d'une chose, lecteur : de vouloir bien prononcer mes vers et accommoder ta voix à leur passion, et non comme quelques-uns les lisent, plustot à la façon d'une missive, ou de quelques lettres Royaux, que d'un Poëme bien prononcé ; et te suppli encore derechef, où tu verras cette merque ! vouloir un peu eslever ta voix pour donner grâce à ce que tu liras ».

Ces conseils de poètes qui connaissent leur métier tendent à une chose : à ce que le lecteur, en prêtant à l'œuvre du poète sa propre voix, fasse se former en lui une image apergasique, sonore, rythmique, musculaire, du poème. C'est cette image interne, et non le texte imprimé lu des yeux, qui sera efficace, qui déclanchera l'émotion et mènera à son terme le processus de communication poétique.

Sinon, il ne restera qu'à reprendre le mot de l'Evangile cité par Paul Claudel : « Nous avons chanté et vous n'avez pas dansé ».

LITTERATURE *VIENT DE* LITERA, *LETTRE ECRITE*

Nous avons vu Alfred de Vigny reprochant à l'imprimerie d'avoir fait perdre à la poésie « la moitié de son charme » — il faut entendre ici charme au sens plein, étymologique, d'incantation. Il est de fait que c'est à partir de là que la poésie entre en littérature, et qu'elle y entre à titre de Cendrillon.

On aurait pu se souvenir que le terme *littérature* vient du latin *litera,* qui veut dire lettre écrite. Il n'y a littérature qu'à partir du moment où il y a œuvre écrite. Or la poésie remonte à quatre mille ans. L'Iliade, chantée pendant des siècles, n'a été transcrite qu'à l'époque des Pisistratides, au VIe siècle avant notre ère. L'Enéide, elle, était une œuvre littéraire, et Virgile un écrivain. D'ailleurs la mosaïque le représente un rouleau écrit à la main.

Certes, la littérature peut être poétique, elle a même souvent intérêt à l'être. La poésie, elle, a presque tout perdu en devenant littérature.

On aurait pu se souvenir aussi que la normalisation du langage, désormais soumis à des règles, commence avec les Alexandrins et s'appelle la *grammaire* : de *grammatikè,* l'art d'écrire correctement.

Depuis la fin du XVIIIe siècle, en Allemagne, Hamann et Herder avaient vu clair : ils disaient que la poésie est la langue maternelle du genre humain. Ils préparaient la voie aux romantiques allemands qui se mirent à recueillir pieusement les chansons populaires, le folklore, la tradition orale de leur nation.

Mais avant Herder et Hamann, dès 1725, le Napolitain Gianbattista

Vico l'avait dit — et on a retrouvé son ouvrage dans la bibliothèque de Hamann.

Vico écrivait : « Le langage poétique a précédé celui de la prose...Les langages furent d'abord un chant... Enfin l'intelligence et la prononciation ayant acquis une grande rapidité, on commença à parler en prose, ce qui était une sorte de généralisation... La première nature humaine fut poétique, la seconde héroïque, le troisième âge fut celui de la nature humaine intelligente et par cela modérée, bienveillante, raisonnable... Les premiers temps de l'humanité furent ceux de la poésie. La poésie fonda la civilisation païenne, qui devait produire tous les arts ; il faut donc bien que la nature ait fait les premiers poètes... Au temps du monde enfant, il n'y eut que des peuples poètes ».

Le livre II de la *Scienza Nuova* s'intitule : « De la Sagesse poétique ». Une sagesse, c'est-à-dire une sapience, un savoir : l'ensemble des connaissances humaines de l'époque, en quelque sorte l'encyclopédie des peuples barbares et archaïques. Ce livre II de l'ouvrage de Vico comporte des chapitres intitulés : de la Métaphysique poétique, de la Logique poétique, de la Morale poétique, de l'économie et de la politique dans les âges poétiques, de la Physique poétique, de la cosmographie, de l'astronomie, de la chronologie, de la géographie poétiques.

Vico décrit en somme un état du savoir humain et de la société humaine construit sur le mode analogique, préalable à l'écriture et à la digitalisation de l'expression langagière. C'est un stade archaïque, qui va se transformer du fait de l'introduction des techniques scripturales.

Comment, pourquoi ces techniques scripturales se sont-elles développées, ce sera l'objet d'un prochain chapitre. Pour le moment, qu'il suffise de constater que ce qui a égaré la plupart de ceux qui ont abordé le problème de la poétique, c'est qu'ils ont fait de la poésie une branche, un chapitre de la littérature — de l'écrit.

Les spécialistes de la théorie de la littérature, Wellek et Warren (*Theory of Literature*, New York 1942) décorent leur théorie littéraire du nom impropre et abusif de Poétique. Ils constatent simplement que la littérature s'écrit — on se demande pourquoi, et ils n'apportent sur ce point aucun éclaircissement — tantôt en vers, c'est-à-dire en lignes inégales, tantôt en prose ; tantôt en style simple et direct, tantôt en style imagé, fleuri, impropre. Ils ignorent absolument la spécificité du fait poétique, qui n'est pour eux qu'un genre littéraire parmi d'autres.

Pour comprendre sa spécificité, il faut débrancher le fait poétique du fait littéraire, et le rapprocher d'autres faits de communication beaucoup plus semblables à lui : j'ai nommé le discours publicitaire, le discours politique, l'insulte — il en est d'autres — qui fonctionnent à peu près de la même façon que le fait poétique. Je l'ai indiqué ; si je me suis attaché plus particulièrement au fait poétique, c'est d'abord parce que j'étais plus familier avec lui, mais aussi et surtout parce qu'il représente de l'expression analogique une préparation anatomique plus aisément manipulable par l'expérimentateur, plus lisible, et contrastable à cet autre fait verbal, la prose.

Tout comme la chirurgie n'a fait de progrès véritables qu'à partir du moment où elle a pratiqué l'asepsie, la discipline du chercheur en cette matière consiste à préserver sa recherche de certains agents de contamination qui ont nom : art, beau, goût, esthétique...

Jean Grenier, titulaire dans la Sorbonne de 1963 d'une chaire d'esthétique, ne croyait pas à l'esthétique. Il citait volontiers Tchoang-Tzeu, qui vivait au IVe siècle avant notre ère, donc contemporain d'Aristote. Tchoang-Tzeu, « un des hommes les plus extraordinaires qui aient paru », condamnait les « arts », le « soi-disant Beau » : « D'un morceau de bois, d'une branche, vous faites un vase, et vous dites : le vase est beau. Moi, Tchoang-Tzeu, je dis : il est laid, car il n'est plus du bois naturel, mais un objet artificiel, déformé. Quelles sont les causes de la ruine de l'humaine nature ? Ce sont les arts. Les théories artificielles sur les couleurs ont perverti la vue ; les théories sur les sons ont perverti l'ouïe... Ce n'est pas moi qui considérerai jamais les arts comme un bien ».

L'ECRITURE,
SON INFLUENCE SUR LE LANGAGE

Le langage, né analogique, s'est au cours des âges fait de plus en plus véhicule d'information. Il s'est digitalisé, jusqu'à se prêter à être le « langage des Sciences » de Pius Servien, la prose pure.

Les étapes de cette évolution correspondent à des étapes parallèles du développement technique, éventuellement de l'écriture.

Il n'est pas certain, il est même peu probable que l'écriture ait été inventée pour transcrire la parole. Il est plus vraisemblable que l'idée de recourir à des signes graphiques est née des exigences de l'arithmétique, et de la plus simple, le comptage. Les plus anciens de ces signes, qui remontent au paléolithique, semblent bien liés à des décomptes, on ne sait de quoi : pièces de gibier, lunaisons, jours... Ces points alignés, ces traits assemblés sont le premier *computer*.

Nous ignorons l'ancienneté du boulier-compteur des Chinois, aujourd'hui encore en usage : il n'entre pas plus dans notre ligne d'évolution que le fait de compter sur ses doigts, qui pourtant a connu une transcription scripturale sous la forme des chiffres romains : le V romain est la figuration d'une main, le X la figuration de deux mains. La représentation de cent, C, est beaucoup plus tardive et se réfère à une époque où le graphisme était largement en usage : C est l'initiale de Centum.

Remontons plus haut. Observant les astres en astronomes plus encore qu'en astrologues, à l'époque protohistorique les prêtres chaldéens distinguèrent les planètes des étoiles, déterminèrent la longueur de l'année, calculèrent les éclipses de lune, perfectionnèrent le cadran solaire, divisèrent l'année en mois, jours, heures, minutes, secondes, divisèrent le cercle en degrés, minutes, secondes, fixèrent des unités de longueur et de poids. Tout cela était consigné sur des tablettes de terre cuite couvertes de caractères cunéiformes. Deux mille ans avant notre ère, Hammourabi publiait le premier code connu. L'usage fondamental de l'écriture était la notation de calculs.

Sans aucune communication avec eux et beaucoup plus tard, les Mayas inventaient par leurs propres moyens une arithmétique, une astronomie, un calendrier qu'ils notaient en signes graphiques.

En Crète, l'écriture dite linéaire B déchiffrée par Ventris et Chadwick démontre que son principal usage est de comptabiliser les roues de secours des chars du sous-préfet. Entre ces notations s'inscrit la désignation des fonctionnaires responsables. La langue employée est un grec archaïque.

Toujours en Crète, le célèbre disque de Phaestos qui date de la fin du XVIIe siècle avant notre ère a longtemps été considéré comme indéchiffrable. En 1976, un chercheur bulgare, Vladimir I. Georgiev, en a proposé une lecture assez convaincante. Il s'agirait d'un texte en écriture pictographique louvite. Les Louvites ou Termiliens, qui auraient quelque temps résidé en Crète, auraient par la suite émigré au moins en partie en Lycie (Turquie méridionale, Syrie septentrionale) où leur présence est attestée du XVIe au VIIIe siècle avant notre ère par des inscriptions. L'écriture pictographique louvite est influencée par l'écriture cunéiforme, mais elle en est très différente. Vladimir I. Georgiev considère l'écriture louvite telle qu'on la connaît comme une évolution ultérieure de l'écriture du disque de Phaestos.

Cette écriture syllabique est basée sur le principe acrophonique : la valeur phonétique d'un signe donné correspond à la syllabe initiale du mot qui dénomme l'objet représenté par le pictogramme, en général un objet concret et répandu. Ainsi le pictogramme représentant une tête de chien sert à noter phonétiquement la première syllabe du mot louvite *chien, suwana,* donc *su.*

Ce serait donc exactement là que se placerait l'articulation entre l'idéographique et le phonétique, entre le visuel et l'auditif.

Le texte lui-même, tel que le déchiffre le chercheur bulgare, semble être une brève chronique, un rapport envoyé au roi de Phaestos et provenant de Lycie.

Ce texte de quelques lignes comporte 11 noms de personnes et 4 noms de lieux. Il est intéressant de constater que les anthroponymes et les toponymes, quoique formés sans doute analogiquement (beaucoup de noms ont pour origine des surnoms qui font image) basculent les premiers du côté graphique, digital, comme de simples numéros d'identification, des matricules.

Six siècles plus tard, les Phéniciens introduisaient une réforme consdérable et significative de la technique scripturale. Alors que les écritures égyptiennes, le cunéiforme des Assyriens (que connaissaient les Phéniciens) ou encore l'écriture du disque de Phaestos comportaient un élément idéographique évoluant lentement vers un système phonétique syllabique, les Phéniciens faisaient faire un bond immense à l'écriture dans le sens de l'abstraction et de la digitalisation. Ils analysaient les syllabes, très nombreuses dans quelque langue que ce soit, en phonèmes qui se réduisent à un nombre fini, de trente à quarante environ. Sur la base des écritures ils créaient un système graphique purement conventionnel, un code phonétique où chaque signe correspondait arbitrairement à un phonème. Chaque phonème se voit en quelque sorte attribuer un numéro.

On est en droit de supposer que ce sont les nécessités de la comptabilité et du commerce, c'est-à-dire le maniement des chiffres, qui ont inspiré cette normalisation des signes graphiques aux marchands phéniciens.

Quinze siècles plus tard, l'une des causes, et non des moindres, de l'effondrement du monde antique réside dans le fait que l'Islam arabe et les descendants du Prophète, ayant construit une flotte en Méditerranée, empêchaient tout commerce entre l'Egypte et l'Europe. Ils se vantaient de ce que les Roumis ne pouvaient pas faire flotter la moindre planche sur la mer. L'Europe occidentale s'est soudain, au VIIIe siècle, trouvée privée de son approvisionnement en papyrus que jusque là elle importait d'Egypte. Plus de papyrus, plus de comptabilité ; plus de comptabilité, plus d'impôts ; plus d'impôts, plus d'Etat. On plaisante les rois fainéants se déplaçant dans leurs chars à bœufs d'un bout à l'autre de leur territoire. C'est que les Mérovingiens, les derniers rois de l'Antiquité, qui avaient été fort riches, ne pouvant plus lever d'impôts, en étaient réduits à aller de vassal en vassal et à se faire nourrir par chacun d'eux à tour de rôle.

Il a fallu quelque temps avant de trouver un coûteux substitut au papyrus, le parchemin, en usage à partir du VIIIe siècle. Pendant tout ce temps-là on n'écrivait plus, et après on n'écrivait guère. La rupture entre l'Antiquité et les temps modernes, qui passe entre les Mérovingiens et les Carolingiens, c'est la disparition du papyrus comme support de l'écriture et de la comptabilité.

Au XIIe siècle — qu'on médite cet intervalle de quatre cents ans, l'équivalent de ce qui nous sépare de Henri IV — les Arabes introduisirent en Occident, en Espagne, la fabrication de papier de chiffons, une technique peut-être inspirée de procédés chinois transmis à travers l'Iran. Mais ce n'est qu'en 1792 que fut inventée une machine à fabriquer le papier industriellement. A ce moment, Montgolfier avait déjà volé dans les airs sur une Montgolfière.

Il est acquis que si le papier, fabriqué alors à la main, et à partir de vieux chiffons, n'avait pas été déjà d'un usage courant à la fin du XVe siècle, l'imprimerie n'aurait pas eu lieu d'être inventée. Si le parchemin avait été le seul support de l'écriture, il n'y aurait eu aucune raison de substituer des typographes aux copistes.

Or l'invention de l'imprimerie marque un nouveau tournant dans les rapports de la technique et du langage, du parler et de l'écrit. Jusqu'à Gutenberg, l'écriture et la lecture restent l'apanage d'une infime minorité de clercs, de lettrés. L'immense majorité, quatre-vingt-quinze pour cent de la population, ne connaît encore que la tradition orale, ne vit que d'elle. Même après trois siècles d'essor rapide de l'imprimerie, à l'époque de la Révolution française, les trois quarts de la population de l'Europe occidentale sont illettrés. Ce n'est qu'il y a très exactement cent ans que la République française, la Troisième, adopta pour principe que tout citoyen doit savoir lire, écrire et compter.

Avec la diffusion de l'imprimerie et de la lecture au moins dans les « bons milieux », le style écrit devient le beau style, le bon style. Ce style reste encore fleuri, analogique ; on apprécie les effets. Buffon, dit-on, mettait des manchettes de dentelle avant d'écrire.

Surtout, le style écrit devient le modèle langagier absolu ; il rétroagit sur le langage parlé. Bien parler, c'est parler « comme un livre », par phrases complètes, grammaticalement correctes. A travers leur transformation de l'écrit, les développements techniques influent sur le parler naturel, spontané. A travers la transformation du parler, c'est finalement sur le mode de pensée lui-même que s'exerce l'influence de l'évolution technique. La logique n'est-elle pas fille du *logos*, c'est-à-dire du langage qui se peut écrire, destiné à être écrit ?

La question qui se pose alors est la suivante : si à travers les âges le développement des techniques (comput, écriture, imprimerie) a agi sur le langage et l'a peu à peu transformé pour en faire un moyen de communication rationnel, digital, ne faut-il pas prévoir un nouveau pas dans ce processus à la suite du développement de la pensée assistée par ordinateur ? La coopération du cerveau humain avec la pensée automatisée ne va-t-elle pas amener les humains à une plus grande rationalité du langage d'abord, de l'activité mentale ensuite ?

L'INTELLIGENCE HUMAINE, FILLE DU FEU

Il y a un précédent, et c'est la familiarité de l'homme avec le feu. Récemment un ouvrage de vulgarisation disait : représentez-vous les humains avant qu'ils n'aient inventé le feu, réfugiés dans les cavernes humides, froides et sombres... C'est absurde. Car le feu existait avant l'homme, avant l'âge des cavernes, comme on dit. Ce n'est pas l'homme qui a inventé le feu, c'est plutôt l'inverse : le feu qui a créé l'homme.

Le feu a été utilisé par les ancêtres de l'homo sapiens depuis un bon demi-million d'années, alors que l'homo sapiens que nous sommes date d'à peine trente-cinq à quarante mille ans. Récemment, Yves Coppens a fait remonter beaucoup plus haut encore la maîtrise du feu : « L'*homo erectus*... domestique le feu et l'entretient depuis peut-être 1 400 000 ans (site de Chesowanja au Kenya) ».

Rappelons la chronologie : issu des hominidés, primates qui marchent debout, l'*homo habilis* se met, il y a deux ou trois millions d'années, à fabriquer, donc utiliser, des outils rudimentaires. Lui succède l'*homo erectus*, qui voici au moins cinq cent mille ans a acquis la maîtrise du feu. A Terra Amata, il y a trace de foyers organisés — fosses creusées, dallages aménagés, murettes pour protéger le foyer du vent — remontant à environ 380 000 ans. Ce n'est pas le seul lieu, on en retrouve de semblables en peu partout.

A ce propos, il est peu vraisemblable que des êtres qui savaient ainsi organiser un feu n'aient pas disposé d'un langage expressif.

Voici cent mille ans, l'homo erectus cède la place à son descendant, l'*homo sapiens neandertalensis*, qui lui-même s'efface voici quelque trente-cinq mille ans devant l'*homo sapiens sapiens* que nous sommes.

Remontons maintenant le cours des temps ; choisissons, pour mieux percevoir les ordres de grandeur des temps, une autre unité de compte, la génération, c'est-à-dire le temps de procréer un descendant, soit une vingtaine d'années. Arrondissons les chiffres ; seuls les ordres de grandeur importent.

Nous ne sommes les humains que nous sommes que depuis 1750 générations. Pour fixer les idées, rétrospectivement une centaine de générations nous séparent de Sumer et des débuts de l'écriture : là où on passe de la préhistoire à l'histoire, du moins à la protohistoire.

Avant, il y eu le double, soit 3 500 générations de Néandertaliens, avant d'aboutir à « nous ».

Mais avant les Néandertaliens il y avait eu 22 000 générations d'*homo erectus* qui avaient su faire un feu, construire un foyer, l'alimenter, l'entretenir, l'utiliser ; vingt-deux mille générations qui ont vécu dans la familiarité avec le feu. Croit-on que cela ait pu être sans influence sur l'évolution elle-même ?

Or le feu est un être à la fois sacré et parfaitement rationnel.

Je dis : un être. Un être qui possède bien des caractéristiques de l'être vivant : comme lui il naît, il meurt, il s'alimente, il se reproduit. Comme lui, il consomme des matières organiques, il tire sa chaleur et sa vie de leur oxydation ; il respire. Et il a une personnalité : il n'y a pas deux feux semblables.

Un être sacré : dans la Grèce antique, quand un groupe de jeunes gens allait fonder une colonie outre-mer, en Sicile, en Italie, en Espagne, à Marseille, il emportait du feu emprunté à l'autel de la métropole pour en allumer le foyer de la ville nouvelle. Ne parlons pas du collège des Vestales à Rome, chargées d'entretenir le feu sacré ; constatons seulement que ce collège a existé avec une parfaite continuité et à travers toutes les vicissitudes pendant onze cents ans : combien d'institutions peuvent en dire autant ?

Un être rationnel : aucune mystique, aucune magie, aucune incantation, aucune prière, aucune intimidation ne peuvent persuader un feu de prendre ou de durer si les conditions parfaitement rationnelles de son existence ne sont pas réunies : du combustible approprié, une architecture rigoureuse dans la disposition des brindilles, bûchettes, bûches, une circulation d'air bien réglée selon des principes très précis... Sinon, il n'y a pas de feu.

Si jamais un fait extérieur, culturel, a été susceptible d'orienter l'évolution des ancêtres de l'homme et de l'infléchir dans le sens d'une croissante rationalité, c'est sans doute la fabrication d'outils, mais c'est plus certainement encore la familiarisation avec cet être rationnel qu'est le feu. Au cours de sa fréquentation et manipulation du feu, la capacité crânienne est passée de 1200 centimètres cubes pour l'*homo erectus* à 1400 en moyenne pour l'*homo sapiens.*

Or — je l'ai dit — l'ordinateur impose à ceux qui le fréquentent de tenir avec lui un langage parfaitement rationnel, digital ; l'analogique, il ne le comprend pas ; on perd vite l'habitude de s'entretenir avec lui en langage imagé, figuré. On pourrait donc concevoir que l'introduction dans la vie quotidienne de l'ordinateur fasse évoluer l'espèce dans le sens d'une plus grande rationalité, ce qui serait un bien. A la limite, il pourrait s'agir d'une mutation de l'espèce, semblable à celles qui précédemment ont produit l'espèce humaine ; un pas de plus dans le même sens.

L'AVENIR DE L'ANALOGIQUE

L'avenir de la communication analogique est-il sombre pour autant ? Certes non, pour diverses raisons.

La première, c'est que les isotopes du langage ne s'inscrivent pas de la même façon dans la dimension temporelle et ne réagissent pas de la même façon à l'écoulement du temps. La communication digitale s'épuise dans l'acte de transmission d'information, alors que la communication analogique se renforce plutôt à l'usage. Autrement dit : la prose, dans la mesure où elle est prosaïque, vieillit, et vieillit mal ; la poésie garde une éternelle jeunesse.

A un visiteur qui prenait congé de lui et qu'il ne devait plus revoir, Saint John Perse, l'accompagnant jusque sur le seuil, lançait en guise d'adieu : « La littérature est morte. La poésie, elle, vivra toujours ».

Effectivement, la littérature est un hybride ; sa part de digital la rend périssable. La poésie, elle, n'est pas sensible aux outrages du temps. Homère, l'Ecclésiaste, Horace, Shakespeare n'ont pas une ride.

Un poète de tempérament — il n'est pas nécessaire d'écrire des vers pour être poète —, Herman Melville, l'a dit dans son *Moby Dick,* le récit de la chasse à la Baleine blanche. L'allégorie, pour transparente qu'elle soit, a échappé à des éditeurs peu scrupuleux qui ont vu là une digression, une longueur, alors que ce chapitre 99 contient en quelque sorte le testament littéraire de Melville. Ils l'ont donc purement et simplement supprimé ; on ne le trouve que dans les éditions vraiment complètes.

Donnons la clé : la poésie, l'analogique, est une médaille ; la prose, le digital, une monnaie.

A la poursuite de son rêve d'idéal, la Baleine blanche, le capitaine Achab arpente le pont de son vaisseau. Chaque fois qu'il passe devant le grand mât, il contemple un doublon qu'il a cloué là : il sera la récompense du matelot qui le premier signalera la Baleine blanche. Pour Achab, « le doublon était plus qu'une simple pièce d'or. Frappé en Amérique du Sud, cétait une sorte de médaille ». Un jour, il s'arrête devant le doublon et le contemple comme s'il le voyait pour la première fois. Il y voit tout un paysage, trois pics de la Cordillière des Andes, une flamme, une tour, un coq qui chante, les signes du Zodiaque... Dans cette pièce ronde il reconnaît un globe qui, telle la boule de cristal, renvoie à celui qui y plonge le regard sa propre image.

Arrive le second du capitaine : « Moi, je m'y connais en doublons, j'en connais de toutes sortes, doublons d'Espagne, doublons du Chili, doublons du Pérou, doublons de Bolivie... Je ne vois là qu'une pièce d'or bien ronde qui vaut seize dollars. Ça fait neuf-cent-soixante cigares, et moi, j'ai horreur de la pipe ».

Starbuck estime la pièce à sa valeur d'échange (les théories les plus récentes considèrent les échanges monétaires comme des échanges de signes informatifs) transcriptible en nombres. Achab y voit tout autre chose, et tout un monde figuré.

Peut-on mieux dire — en langage analogique — la différence entre la poésie, comprise comme médaille chaque fois unique, et la prose comparée à une monnaie servant aux échanges. En circulant, la monnaie perd son effigie, elle s'use, se dégrade, se dévalue, finit par être démonétisée. Ainsi en va-t-il des mots de la prose.

La poésie, elle, n'a pas d'âge, elle ne vieillit pas, elle ne meurt pas.

Autre raison pour que la parole analogique ne dépérisse pas si rapidement : la familiarité avec l'ordinateur, si elle est susceptible de faire franchir à ceux qui se font assister par lui un pas de plus en direction de la rationalité, sera longtemps réservée à une portion restreinte de l'espèce humaine. La partie la plus nombreuse de l'espèce n'y aura pas accès, elle n'en aura pas l'usage avant longtemps. Sa culture restera, quoi qu'on fasse, analogique. Il y a à cela un parallèle frappant : du fait de la croissance démographique, il y a, sur les quatre milliards d'humains qui peuplent la planète, beaucoup plus d'illettrés qu'à la génération précédente. Il se trouve d'ailleurs que les groupes humains qui se serviront les premiers de l'ordinateur sont ceux qui ont la plus faible croissance démographique, ou même sont en récession. Donc l'analogique continuera à dominer la circulation d'information à travers la planète. On criera encore longtemps « Allah ou akbar ! ».

D'ailleurs, même dans nos civilisations occidentales, le discours analogique a encore de beaux jours devant lui, sinon sous sa forme poétique, tout au moins sous les formes apparentées : la parole chantée — combien d'heures par jour la radio et la télévision consacrent-elles à la parole chantée, à la chanson, dont la teneur en digital est réduite ? —, le discours politique, le discours publicitaire qui recycle deux pour cent du produit national brut.

Enfin il n'est pas certain que si le digital supplantait totalement l'analogique, il n'y aurait pas là une perte considérable pour l'intelligence humaine. On a vu le rôle que joue l'image dans la pensée de savants créateurs, de chercheurs qui trouvent.

Toute la pensée moderne est en germe chez les philosophes grecs dits présocratiques, Thalès, Anaximandre, Démocrite... Or l'historien de la Grèce antique H.D.F. Kitto (*The Greeks,* trad. allemande 1957) considère que leur forme de pensée, si puissamment créatrice, est foncièrement analogique.

Il ne serait pas inattendu qu'on soit amené un jour à faire cette constatation : seule la pensée analogique est créatrice.

Et il n'est pas sûr que l'espèce humaine soit, de longtemps, stabilisée.

TABLE DES MATIERES

ACHEVE D'IMPRIMER PAR
LES PRESSES DU PALAIS-ROYAL
65, RUE SAINTE-ANNE PARIS

FEVRIER 1985

N° D,IMPRESSION 10409

Groupement Economique France-Gutenberg